松本人志は日本の笑いをどう変えたのか

五味一男（『エンタの神様』プロデューサー）
水道橋博士
デーブ・スペクター
岩橋良昌（元プラス・マイナス）ほか

宝島社

はじめに

現代の「笑い神」が窮地に立たされている――。

２０２３年12月27日発売の『週刊文春』が、ダウンタウン・松本人志氏の性加害疑惑を報道した。２０１５年に高級ホテルで飲み会が行われ、松本氏が女性に性的な行為を迫ったことなどが報じられた。２０２４年1月8日、吉本興業は裁判に注力することを理由に、松本氏の活動休止を発表した。

デビューから40年以上を経ても、数多くのレギュラー番組を抱え、多くの芸人から神聖視されていた芸人・松本人志。お笑い業界だけでなく、テレビを支配し、芸能界の頂点を極めたと言っても過言ではない存在感を示していた。

尼崎の貧困家庭で育った内向的な少年が、お笑い界の「現人神《あらひとがみ》」となることができた理由はなんなのか。そして松本人志が「天才」と評価される理由はどこにあるのか。ダウンタウンの笑いの「革新性」とはなんだったのか。
当たり前のように評価されてきた松本人志の芸人としての功績を改めて言語化しようとしたのが本書である。性加害疑惑について言及はしていない。純粋な「お笑い論」「芸人論」として、松本ウォッチャーを自認する8人に縦横無尽に語ってもらった。

2024年3月28日の第1回口頭弁論を前に松本氏はXで、〈人を笑わせることを志してきました。〉〈一日も早く、お笑いがしたいです。〉と、復帰への思いを吐露した。これは嘘偽りのない本心なのだろうと、本書の制作が終わった今、しみじみと思う。松本人志を論じることは、日本のテレビ、芸能界、そして社会を覆っている「空気感」を語ることなのかもしれない。

2024年4月　　宝島社書籍編集部

松本人志は日本の笑いをどう変えたのか　目次

2024年の松本人志

水道橋博士

NSC1期生という特殊性と吉本興業の戦略

影山貴彦（同志社女子大学メディア創造学科教授）

装丁／OKA DESIGN OFFICE　本文デザイン＆DTP／ユニオンワークス

松本人志の笑いの根底にある「哀切」と「孤独感」

戸部田 誠（てれびのスキマ）

『M－1グランプリ』『キングオブコント』の審査員、『IPPONグランプリ』チェアマン――松本人志は「面白さ」の決定者としてお笑い界に君臨していたのは間違いない。しかしそれは、彼自身が旧来的なお笑いの価値観を覆してきた「結果」とも言える。テレビウォッチャーである戸部田誠氏が、過去の発言などから松本人志の笑いの根底にある「哲学」を炙り出す。

漫才の歴史は彼以前、彼以後に分かれる――。

『M－1グランプリ』（朝日放送・テレビ朝日）の審査員としてダウンタウン・松

本人志が登場する際にアナウンスされる惹句だが、それに異論を挟む者は少ないだろう。それどころか、「漫才」だけではなく、そこに「お笑い」という単語を入れても成立するにちがいない。

仮にお笑いの能力を示す五角形のレーダーチャートがあるとする。例えば、その評価項目はジャンルごとに漫才、コント、大喜利、トーク、平場だろうか。あるいは、表現力、発想力、瞬発力、フレーズ、展開力といった能力全般になるだろうか。いずれにしても松本人志は満点の正五角形を記録するだろう。

もちろんこうなるには、ずば抜けたお笑いの能力があるということが大前提だが、一方で松本がお笑いの評価軸自体をつくっているから、ということが大きい。

例えば「ギャグ」はダウンタウン以前のお笑いの世界では、お笑い芸人にとってトップクラスに重要な要素だった。代名詞となるギャグがない売れっ子芸人が思い浮かばないほど。当然、5つの評価項目に入ってしかるべきものだった。しかし、松本以後のお笑いの世界において（狭義の）「ギャグ」は「一発ギャグ」などと称され、一発屋の代名詞のように扱われた。結果、他のお笑いの要素より一段下に見られがちだ。松本人志の著書『遺書』(朝日新聞出版)ではこう書かれている。

〈オレはギャグ(流行語)が大キライだ！　無名のお笑いタレントが名を売るには、ギャグを作るのが一番の近道であることは、まず間違いないだろう。困ったときとりあえずギャグがあれば、その場を切り抜けることもできる。しかし、それってチョット違う気がする。お笑いの基本は意外性であり、『出るぞ出るぞ、やっぱり出た！』というのは、個人的に好きじゃない〉

松本は「スベる」「サム(ブ)い」「(セリフを)噛む」「グダグダ」「ドM」など数多くのフレーズを生み出した、あるいは世に広めたと言われているのに対して、「ギャグ」という観点でいうとほとんど持っていない。が、むしろそれがお笑い芸人として正統であるというイメージをつくった。

松本以後のお笑い芸人はもとより、視聴者にも多大な影響を与えた『遺書』に著されたような松本の思想は、かつてのお笑い観を刷新したのだ。

同じことは「パロディー」でも行われた。『ダウンタウンのごっつええ感じ』以前は、『オレたちひょうきん族』でも、『とんねるずのみなさんのおかげです。』や『ウッチャンナンチャンのやるならやらねば！』（すべてフジテレビ）でも、パロディーコントが全盛だった。しかし、松本は〈あれがすごくイヤで、パロディーという笑いもあるけど、やっぱり楽なことなんですよね。そうじゃなくってゼロから笑いを作っていくっていう姿勢で『ごっつええ感じ』っていう番組ずっとやってきて、笑いはパロディーやという方向から少しこっちにこれたかなとは思ってるんですけど〉（『ＣＲＥＡ』１９９４年５月号）と語っている。

「フリップ大喜利」「写真で一言」「競技漫才」

逆に、松本以前のお笑い界では「大喜利」は廃れたジャンルだった。『笑点』（日本テレビ）に代表される、いわば〝古い〟ものの象徴だ。それを松本は〝復活〟させた。

１９９３年から放送された『ダウンタウン汁』（ＴＢＳ）では、番組後半に「お笑い頭脳バトル」という大喜利企画が行われ、いわゆる「フリップ大喜利」がアップデートされた。１９９６年からの『一人ごっつ』（フジテレビ）で松本によるフリップ大喜利はさらに洗練されてく。加えて「写真で一言」などの新たなフォーマットも生み、大喜利＝発想力を競うゲームに進化させた。その過程で、芸人の必須能力の一つに「大喜利力」が加わった。その結実が『ＩＰＰＯＮグランプリ』（フジテレビ）だ。大喜利を競技化したのだ。

また、『ワイドナショー』（フジテレビ）でのコメントについて〈お気づきでしょうけど、あれはまあ、大喜利ですからね〉（『文藝春秋』２０１９年１月号）などと語っているように、〝芸人たるものすべての物事を大喜利的に見るべき〟という価値観を植え付けた。

「漫才」もそうだ。『Ｍ－１グランプリ』を立ち上げた谷良一が書き下ろした『Ｍ－１はじめました。』（東洋経済新報社）にも綴られているように、『Ｍ－１』以前は漫才はテレビではもう「終わった」ものとして低迷していた。そうしたなかで、島田紳助の提案で『M－1』が誕生した。松本はその立ち上げに直接関わっているわけではないが、彼が審査員という位置にいるからこそ求心力が生まれ、漫才をお笑いの本流に戻すことができたことは疑いようのない事実だろう。

もともと彼は『遺書』の中でも〈コメディアンも全部集めて、それぞれのネタで正々堂々と勝負してみるのだ。同じ舞台で、同じ客、同じ持ち時間で、カブリ物、小道具いっさいなしの大イベント〉を夢想していたようにお笑いで勝ち負けを決めるということに強いこだわりがあった。それがビートたけしや明石家さんま、爆笑問題の太田光らと決定的に違う価値観だ。

やがて「競技漫才」という言葉、というよりジャンルまで生まれていく。これには功罪あるが、評価が曖昧なエンターテイメントの世界で目に見える基準をつくり、その実力だけで評価される場を構築した功績はあまりにも大きい。『キングオブコント』（TBS）や『人志松本のすべらない話』（フジテレビ）、『ドキュメンタル』（Amazonプライム・ビデオ）など各ジャンルでそういった場を築き上げた。

「面白いこそ正義」という世界観

ビートたけしが、お笑い芸人でも芸能界のヒエラルキーのトップに立てることを証明した。つまりはビートたけしがお笑い芸人の地位を上げたとするならば、松本人志はお笑いこそエンターテイメントの最高峰であるという価値観を唱え、お笑い自体の地位を上げた。お笑いが競技に値する奥深い技術と才能に裏打ちされたプロフェッショナルなジャンルであることを啓蒙し、「面白い」こそ正義、いわば「お笑い至上主義」の世界をつくったのだ。

思えば、「お笑い一本で勝負する」ことこそ芸人の美徳だと主張したのも松本だ。それまで売れた芸人が他ジャンルに進出するのは当たり前だった。しかし、それをしない志村けんのスタンスを『遺書』で「手本」として絶賛し、志村再評価の機運をつくった。〈本当にお笑いが好きで、お笑い以外は考えられないという一途さは、なんて男ットコ前なのだろうか〉と〈もっとも松本はその後、ドラマ、映画等にも進出していくのだが〉。

ちなみに現在は俳優としての活躍が目立つドランクドラゴン・塚地武雅は、お笑い一本で行くことができないことに負い目、劣等感があったというが、朝ドラ『おちょやん』（NHK）で、しゃべくり漫才をつくり上げたエンタツ・アチャコの花菱アチャコをモチーフにしたキャラクターを演じた際、彼がラジオドラマなど演技の仕事をしているのを知り、「先人やってるやん！って。誰に気遣って劣等感を抱いてたんだって。誰が決めたんですか？ お笑い一本で行ったほうがカッコいいって！」（『あちこちオードリー』テレビ東京、2024年2月7日）と嘆いていた。

ただ裏を返せば、お笑い一本でも世間に認められる世界をつくったとも言える。『夢で逢えたら』の後継番組『夢の中から』（ともにフジテレビ）で仕事をともにした演出家・片岡飛鳥は、ダウンタウンがお笑い芸人を「〝職業〟として確立した」と評している。〈もちろんそれまでお笑い芸人はプロだったわけですが、普通の若者が職業としてお笑い芸人に憧れ、NSCみたいな養成所に入るっていうのは、やっぱりダウンタウンが初めての手本〉(『Quick Japan』Vol.104)だと。

プレーヤー・松本人志は「ちゃんといちばん面白い」

2023年5月29日、オリエンタルラジオ・中田敦彦が自身のYouTubeチャンネル「中田敦彦のYouTube大学」で「【松本人志氏への提言】審査員という権力」と題した動画をあげて物議を醸した。「全部のジャンルの審査委員長が松本人志さんという、とんでもない状況」というのが〝事実〟とは言えなかったため、違和感が先に来てしまったが、実際には中田もそんな〝事実〟を言いたかったわけではないだろう。「他の業界だったら信じられないぐらいの独占状態」というのは、単に審査委員長という意味合いではなく、価値観を支配している状態のことを指そうとしていたのだろう。ならば一理ある。

本人が望むと望まざるとにかかわらず、あるいは意識したか無意識かは別として、お笑い＝松本人志的価値観になったのは、紛れもない事実だ。つまり、松本人志は現代の「面白い」の基準をつくったのだ。ただ、誤解してほしくないのは、「権威」だけの存在ではないということだ。その権威に見合う面白さを〝現役〟で有していた。

例えば『水曜日のダウンタウン』（TBS）の演出を務める藤井健太郎は、『リンカーン』（TBS）で初めて仕事をした時のダウンタウンの印象を「とにかく面白い」と「圧がすごい」と回想している（藤井健太郎『悪意とこだわりの演出術』双葉社）。そして松本のスゴさについて「打率の高さや手数の多さ」を挙げている。

〈他の芸人さんが2、3回発言してオンエアに使える面白い発言が1個だとすると、その間に松本さんは10回発言していて、10個全部が使える発言。これって実は編集ではバランス良くいろいろな人の発言を使うので、テレビを見ている人にはあまり伝わらないことです。だからこそ現場では松本さんの打率のすごさをより実感できました〉（『悪意とこだわりの演出術』）

『あたらしいテレビ2022』（NHK、2022年1月1日）でも藤井は「おべっかで支えられているわけじゃなくて、ちゃんといちばん面白い」と評し、それを受けて、さらば青春の光・森田哲矢は「こんなこと言っちゃあれなんですけど……、松っちゃん、平場バリ強い」と笑った。まさに松本は「平場」も「バリ強い」のだ。吉本興業の特別公演「伝説の一日」（2022年4月3日）で見せたほぼ即興の漫才は圧巻だったし、『キングオブコントの会』（TBS）で見せる新作コントもいまだ唸らせるものが多かった。

幼少期の絶望的貧困とトラウマ体験

ところで、松本人志の〝才能〟として、「作詞家」としての側面も見逃せない。

クリスマスソングとしていまや定番曲の一つとなった浜田雅功が歌う「チキンライス」の詞は、松本の貧乏だった幼少期の実体験をもとにしたものだ。素朴でストレートな歌詞ゆえの強さを持っている。また『ごっつええ感じ』で誕生した特撮ヒーロー風ユニット「エキセントリック少年ボウイオールスターズ」による「あぁエキセントリック少年ボウイ」は、アニメのエンディングテーマ的な哀切感の漂う名曲だ。「最近だんだんわかってきた　僕が死んでも誰も泣かない　いろんな　ものが見えてきた　見たくは　ないものばかりだけど」と始まり、「ああ明日になんか　ならなきゃいいのにー」と、とてもヒーローとは思えない心情を歌い上げた。

松本が「生涯で一番聴いている」「芸人の根本」と評する（『ダウンタウンのガキの使いやぁあらへんで!』日本テレビ、2011年6月5日）のが、さだまさしの「道化師のソネット」。それをどこか想起させるのが、初期の隠れた名曲「くつみがき」だ。ダウンタウンの2ndアルバム『万力の国』（1991年）に収録された1曲で、松本が作詞し、奥田民生が作曲したものだ。民生が「暗い歌詞なんですよ」と評すと松本も「僕がつくるものって暗いですよ」と返した（『まつもtoなかい』フジテレビ、2023年7月30日）。

「ちょいと兄さん 寄ってきな」という靴磨き屋の呼びかけから始まり、「甘いものには 目がなくて 親もなくて 知恵もない」だとか「家もなくて 希望もない」と続き、サビでは「エ・ヘ・ヘ エ・ヘ・ヘ」とひたすら笑う。民生がつくるメロディと相まって胸が締めつけられる名曲だ。そして何より、松本のコアなエッセンスがにじみ出ている。

やはり松本の根底にあるのは、幼少期の貧乏な暮らしの記憶だ。その舞台となった地元・尼崎への愛憎半ば入り乱れる感情を度々口にしている。

〈僕は尼崎でしたけど、すごい変な町でしたね。上半身裸のばあちゃんとか、平気で歩いていた（笑）。それが普通やと思ってたんです〉（『コマネチ！』Vol.1）

〈大阪よりも、自分の出身をね。兵庫県の尼崎というとこなんですけど、そこには少なくとも僕らの世代にはおもろい奴が、いっぱいいたんですよ。今のお笑いやってる人間の中途半端な奴よりは、はるかにおもろい奴がね。そういう意味じゃあのキタナーイ町にお笑いを教育するような、なんかすごいもんがあったんかなって。今でもそれは思うんですけども……〉（『ＣＲＥＡ』１９９４

年5月号)
『遺書』で「おもしろいやつの三大条件」として、「クライ奴」「女好き」とともに「家が貧乏」を挙げていたのも有名な話だ。度々、松本は貧乏だったことを公言している。
〈うちはねえ、ほんまに貧乏やったんですよ。とにかく、ボロボロやったんです。床抜けてて、歩いたらあかん場所があって。そこはもう、抜けんのわかってるから、絶対歩いたら駄目なんですよ。ほんまですよ?(笑)。(略)とにかく、「恥ずかしい家やな」というのはすごいあって。家に猫がいたんですけどね。これがまた蚤だらけなんですよ(笑)〉(松本人志『松本坊主』幻冬舎)
そうした生活のなかで「トラウマ」になる出来事が起こる。
〈子供のときに、『隆博(引用者注:松本の兄)が可愛い、隆博さえおったらええ』って言われたんですよ。僕、それ、ものすごいトラウマになったんですよ。ビックリしましたからね! ここ何年かで、ようやく平気で言えるようになりましたけど、友達にもずーっと言えなかったですもん〉(松本人志『松本裁判』

ロッキング・オン)

小学生の頃のある暑い日、「人志、涼みに行こう」と父親に言われ、カブで遠くまで連れ出されたことがあった。カブを降ろされると父親が離れていく。「俺、捨てられるんや」と思い必死に離れないようにしたというエピソードもある(『ワイドナショー』2019年2月10日)。

「やっぱり価値観とか考え方が、全然違うんやな俺は」

そういったことも背景にあるのだろうか、松本のつくる作品には強烈な哀切感が漂う。とくにそれが色濃いのが『ごっつええ感じ』や『VISUALBUM』などに代表されるコント作品だ。

『ごっつ』の演出をした小松純也はそのコントについて〈日本人の潜在意識の中に刷り込まれてる記憶の断片のくだらなさみたいなもの、内面世界のどこかから『プッ』と出てきたもの……『お笑い』って、メッセージを発して、それが客に通じるから『笑い』が起きるわけなんですけど、その『通じる』ポイントがとんでもない所で通じてる。そこの意表のつきかたが勝負みたいな所がありました〉（『Quick Japan』Vol.51）と語っている。

『ごっつ』に構成作家として参加した三木聡は、『ごっつ』を見たニューヨーク帰りのデザイナーが「こんなシュールレアリズムをテレビのゴールデンタイムでやってるのか！」と驚いたというエピソードを明かした上で〈『発想の転がるスピード』それは〝思想〟とも言える。ダウンタウンの面白さはそこにあります〉〈九〇年代の空気は、ダウンタウンという思想家の元に集結していた〉（『Quick Japan』Vol.104）と論じている。

その〝思想〟の一つは「おもしろいことってね、切ない中にある」ということだろう。

〈切ないものこそ笑いや、切ないことほどおもしろいものはないぞって僕は思ってるんで……全然笑えるもんなんですけどね。切ない中で、その切なさから脱出しようとする人間の醜さとかがおもしろいし、でもその切なさから結局逃げられへんっていう終わり方が、もう間抜けなんですね（笑）。切なさは間抜けであり間抜けはやっぱり笑いであるかなあって、思いますね〉（『松本坊主』）

そんな考えを体現したコントのなかでも代表的なものの一つと言えば「トカゲのおっさん」だろう。身体がトカゲであるおっさんをめぐる悲哀に満ちた長尺コントだ。松本は「切ない」笑いの革新者でもあった。

松本には周りの人たちと接するなかで「そうか俺ちょっと生き物として違う種類の生き物やなあ」という思いが常にあった。「やっぱり価値観とか考え方が、全然違うんやな俺は」と一緒にされることへの違和感を抱えていた。できることなら、見た目からまったく別の生き物として見られたかった。

〈結局トカゲのおっさんってそういうことなんです。あれなんです、まさに。だからあのコントやり始めたくらいから考え出したのかもしれないですけど、違う生き物になりたいなあって思ったんです〉（『松本坊主』）

あえて〝裸の王様〟になることを選んだ

2023年6月18日放送の『まつもtoなかい』（フジテレビ）に、元テレビ東京プロデューサーの佐久間宣行がゲスト出演した。松本と佐久間は初対面。そもそも松本はテレ東自体にも出演経験はないという。そんな松本が「佐久間さんに聞きたいことがあるなあ」と切り出す。

「僕のダメなところってどこですかね？」

佐久間は一瞬絶句しつつ、おそらく考える時間をつくるため「まず、いいところから言ってもいいですか？」と言うと「いいところは、もう聞き飽きたんですよ」と逃さない。そんな状況を察してか中居正広が時間を稼ぐように先に答える。この時、佐久間の脳内は猛烈な勢いで思考を張り巡らせていたにちがいない。そうして佐久間が答えを出す。

「松本さんの映画とか『VISUALBUM』とかを世に出すブレーンがいな

いんじゃないか」

つまりは「フォーマットをつくる以外のイマジナリーの部分をつなげる人がいない」と指摘したのだ。この時、佐久間は「映画とか『VISUALBUM』とか」と注釈をつけているが、それは全般に言えることだろう。松本自身も我が意を得たりとも言いたげな表情を返した。

松本は〈売れれば売れるほど、ビッグになればなるほど、まわりから変に気を使われすぎてやりにくくなるというマイナス面がある。そう考えると、お笑いであまりデカくなりすぎるのも、考えものなのかもしれない。そう言えば、ダウンタウンにもそういう面が出てきた〉（松本人志『松本』朝日新聞出版）と1995年の段階で危惧していたし、実際それは現実のものとなり〈打ち合わせしてても誰も何にも言わないいんです。こっちが何か言いだすまで向こうは考えているふりしているだけ。早く松本しゃべれよって思ってるだけなんですよ、ほんとは。だから、こっちが一時間でも二時間でも黙ってたら、向こうもたぶんずっと黙っているでしょうね。それがわかってるから、だんだん腹立ってくる〉（『コマネチ！』）と不満を漏らしている。一方で松本はこうも言っている。〈「最近気づいたんですが、僕がうまくいった時って、やっぱり制圧してる時なんです。人の意見も聞いてみようとか、『ではお任せで』って時は、大体うまいことといってない」「人それぞれタイプがあるでしょうけど、僕はおそらくそっちなんだろうなってすごく思います。よく『裸の王様』を悪い表現として使いますけど、僕に言わせたら、一代で築いた有無を言わせぬ王様ですから、すごいですよね」〉（『文藝春秋』２０１９年1月号）

松本はあえて〝裸の王様〟になることを選んだのだ。とはいえ、若い時から〝王様〟となって、孤独だったにちがいない。いや、もっと言えば、〝王様〟になる前、幼い時から自分は異質な存在だという意識で孤独だったのかもしれない。

その孤独感は彼のクリエイティブの源泉にもなっただろうし、多くの視聴者はそれに惹かれていった。逆にその境遇によって、彼の独善的な振る舞いにもつながってしまったのだと思うとやるせない。

〈僕、ハッピーエンドが嫌いなんですよ。絶対にハッピーエンドが大嫌いで。だから映画でもそうなんですけど、ちょっとどこか救われへんのが好きやったりするんです〉（『松本坊主』）と語っていた松本が自らの偉大な芸人人生をハッピーエンドで閉じられないとしたらあまりにも皮肉で切ない。

爆笑問題・太田光は、松本の活動休止を受けて『サンデー・ジャポン』（TBS、2024年1月14日）でこう語りかけた。

「例えば玉座に座っていた王様が転げ落ちるという物語を、自分が面白いと思えるようにつくれるとするのであれば、その笑いこそが松本さんを救えると思うし。俺はそういう意味でいうと、松本さんは笑いのすぐ隣にいると思う」

松本人志が〝王様〟から〝道化師〟になることができるのなら、きっとその哀しい笑いは、松本を〝ハッピーエンド〟に導くにちがいない。

（本文中敬称略）

戸部田 誠　松本人志の笑いの根底にある「哀切」と「孤独感」

とべた・まこと◉1978年、福岡県生まれ。ライター。ペンネームは「てれびのスキマ」。『週刊文春』『月刊テレビジョン』など連載多数。2018年7月度〜22年6月度までギャラクシー賞・テレビ部門選考委員。著書に『1989年のテレビっ子』(双葉文庫)、『笑福亭鶴瓶論』(新潮新書)、『全部やれ。日本テレビ えげつない勝ち方』(文藝春秋)、『売れるには理由がある』(太田出版)、『芸能界誕生』(新潮新書)、『史上最大の木曜日』(双葉社)など。

「ボケの天才」から「笑いのカリスマ」への転換点

五味一男（元日本テレビ上席執行役員、『エンタの神様』プロデューサー）

『クイズ世界はSHOW by ショーバイ!!』（最高視聴率26・9％）、『マジカル頭脳パワー!!』（同31・6％）、『投稿！特ホウ王国』（同30・0％）、『速報！歌の大辞テン』（同26・8％）、『エンタの神様』（同22・0％）――日本テレビで数々の番組を高視聴率に導いた〝平成の視聴率キング〟五味一男。大衆の気持ちを察知することに注力し、最大公約数を意識した五味にとって、〝孤高の存在〟松本人志はどのように見えていたのか。

まず大前提として、私のスタンスは松本人志のファンであるということです。

その上で、個人的な思いも含め松本さんについて語りたいと思います。

ビジネスの世界では、クリエイターとヒットメーカーはなかなか両立しないと言われています。クリエイターは自分の感覚が命。運良くその感覚が時代を射抜いているうちはよいのですが、少しでもその感覚が時代の求めるものとズレるとヒットは望めません。そのため私は、「視聴率はテレビマンがどんなに欲しくても、自分自身で取りにいけるものではなく、最終的にお客さん（視聴者）が決めるもの」「自分がやりたいことを優先させるのではなく、人々が潜在的かつ普遍的に求めているものを彼らの代弁者となり見つけ出し具現化する」といったロジックを掲げ、数々のテレビ番組を手掛けてきました。

なので、今回私が「松本人志」を語るのはちょっと違うんじゃないかととらえる人は多いかもしれません。たしかに私が「客観的にヒットを計算するタイプ」に対して、松本さんは「自らの笑いをとことん追求するクリエイタータイプ」だというのはその通りかもしれません。

ただ、ヒットメーカーとクリエイターはまったく異なるものではないとも思えるのです。複数の当たりを生み出すヒットメーカーは、視聴者が潜在的に求めていることを察知する力が必要だと言われています。

でも、松本さんはそんな理屈など超越して『笑ってはいけない』シリーズ（日本テレビ）、『人志松本のすべらない話』『IPPONグランプリ』（ともにフジテレビ）といった大人気コンテンツを生み出した天才的ヒットメーカーでもあるのです。私と松本さんは一見、相容れないように思われるかもしれませんが、少なくとも私はクリエイターでありながらヒットメーカーでもある松本さんに対して大いなるリスペクトを感じている「視聴者として一人のファン」なんですね。

ダウンタウンは自分たちの感覚を大切にしつつも、一般の人々が面白いというものを経験則のなかで掌握しながらどんどん進化していったコンビだと思います。例えばそれは、音楽なら松任谷由実さんやサザンオールスターズがそうでしょうし、映画なら宮崎駿監督やスティーブン・スピルバーグ監督がそうだと思います。

アートの世界はとことん自分のやりたいことを追求すればいいかもしれません。しかし、いわゆるエンタメと言われる世界においては、お客さんのことを考えなければいけません。大衆の気持ちと波長が合わなければ支持されることはない。松本さんが根を下ろす笑いの世界はその最たる例で、ウケなければ人気者になることはできません。「ウケる」というのは文字通り、大衆から支持を受けているということでもあると思います。センスがいいとか、カリスマ性があるとか、前衛的だとか、それだけで大衆から支持を受けることは決してできないのです。

衝撃の初遭遇と出演オファー

私が実際の現場で初めて松本さん（ダウンタウン）を目にしたのは、１９９１年の『クイズ世界はＳＨＯＷ　ｂｙ　ショーバイ!!』をベースにした番組対抗形式の特番の収録でした。『ダウンタウンのガキの使いやあらへんで！』（日本テレビ）が関東ローカル番組で、当時は彼らの知名度も全国区と言えるものではなかったと思います。

その3年前（1988年〜）には日本テレビの同僚、菅《すが》賢治さんや土屋敏男さんがスタッフとして参加していた『恋々!!ときめき倶楽部』という恋愛バラエティ番組に彼らは出演していたのですが、なかなか東京の雰囲気になじめず悪戦苦闘している――そんな評判がスタッフの間でも持ち上がっていたほどでした。

その後、菅ちゃん（親しみを込めて、ここではそう呼ばせていただきます）が『ガキの使いやあらへんで！』を手掛け、徐々に頭角を現していくわけですが、この背景には菅ちゃんの人柄があったからだと思います。彼は演者さんを気持ちよくさせ、その人のよいところを引き出すことに長けた人物。ダウンタウンは、人があまり言えないようなことを果敢にギリギリまで攻めるという暴れん坊タイプでもあったと思うのですが、彼らが伸び伸びと〝らしさ〟を発揮していく背景には、プロデューサーであった菅ちゃんの存在も一つの要因だと思うのです。

一方、私はと言うと、もともと映画会社の東映からの転職という影響もあって「監督の言うとおりにやってくれ」というタイプ。菅ちゃんがつくる番組とはまったく流派が違うため、『ガキの使いやあらへんで！』を初めて見たときは、ものすごく新鮮だったことを覚えています。そんな彼らが私が演出を手掛ける『クイズ世界はＳＨＯＷ ｂｙ ショーバイ!!』の特番に出演したら、きっと面白くなるだろうという予感めいたものはありました。

そして、特番に出演した二人は飛び抜けて面白かった。それも私の想像を超えるくらいに。

松本さんはクイズ番組の概念をひっくり返すように回答でボケまくる。浜田さんは『知ってるつもり?!』チームの回答席に乗り込み、回答台の上に上がって関口宏さんの前でしゃがみ込んですごむ。

実は事前に、菅ちゃんから「関東ローカルをいじる感じでやっていいから」と言われていた私は、そのことを司会の逸見政孝さんに伝えていました。本番で逸見さんがそのことをイジると、それに呼応するように二人が衝撃的な笑いを生み出したのです。

その光景があまりに面白く破天荒な逸材だと感じた私は、当時、番組プロデューサーを務めていた小杉善信さんとともに、ダウンタウンのマネジャーだった大﨑洋さんに会いに行き、3人でご飯を食べながら『クイズ世界はSHOW by ショーバイ!!』のレギュラー回答者になってくれないかと口説きに言ったほどでした。

しかし返答はノー。それでも諦め切れなかった私たちは再度口説きに行ったものの……実現にはいたりませんでした。今でも大﨑さんとは年賀状のやり取りを行う関係ですが、あのとき、もしダウンタウンが『クイズ世界はSHOW by ショーバイ!!』のレギュラーになっていたら、また違ったクイズの歴史が繰り広げられていたかもしれません。

1992年、私は『24時間テレビ 愛は地球を救う15』の総合演出を担当、ダウンタウンはMCを務めることになります。この回はそれまでの『24時間テレビ』の内容からリニューアルをすることが求められ、私を含め小杉善信さん、渡辺弘さん、吉川圭三さん、そして番組制作会社ハウフルスの菅原正豊さん――「日本テレビクイズプロジェクト」のメンバー5人が総合演出・プロデューサー・ディレクターを務めました。

エンターテインメント化に舵を切るため、私たちはここでも再び特番登場時のインパクトが鮮烈だったダウンタウンに白羽の矢を立てます。話し合いをするなかで、私が「ダウンタウンに出てもらうなら、いっそのことMCにしませんか」と切り出すと全員が賛成。それほどまでにテレビマンの感覚としては、「ダウンタウンなら24時間テレビを斬新な番組に進化させられる」という期待値が高かったということです。今でも語られる、「サライ」が流れるなかで「ダウンタウンが感極まった」という番組のラスト。何を隠そう、われわれ演出陣の裏コンセプトこそ、まさに最後に二人を泣かせようというものでした。視聴者に大きな印象を残す『24時間テレビ』になったという自負を感じるほど、私自身、忘れられない仕事になったと思っています。

私がダウンタウンとちゃんと仕事をしたのは、実はたったこれだけなんです。『速報！歌の大辞テン』に「エキセントリック少年ボウイオールスターズ」として登場してもらったこともありましたが歌の収録のみ。

もっと言えば、先の2つの特番もお二人とは軽く打ち合わせをした程度で、直接仕事をしたとは言えないかもしれません。一般の視聴者と同じようにテレビで観るだけですが、私は松ちゃんのことを「別格の天才」だと思っています。

ダウンタウンの笑いには「普遍性」がある

私は視聴者を常に意識していた一方で、時代観のようなものはまったく意識してきませんでした。人間の本能は別段、時代を超えても変わらないものだと思うからです。江戸時代も明治時代も昭和の時代もそれは変わらない。例えば、テレビ史を見渡したとき、昭和ではボクシング中継が高視聴率を記録することが珍しくありませんでした。現在は井上尚弥選手の活躍こそありますが、かつてに比べるとボクシング中継は話題になっていない……そうした声もありますが、朝倉未来のYouTube『Breaking Down』をはじめ拳闘的要素のあるコンテンツの人気は健在でしょう。いつの時代も喧嘩（っぽいもの）に高揚感を持つ大衆心理はあるというわけです。

同様に、映画やドラマを見て感動するということも、いつの時代も変わらないと思います。もちろんクオリティーが高いソフト、人間の本能に訴えるソフトであることは大前提ですが。ですから私は時代観のようなものを意識するのではなく、普遍的に大衆が求めているものを察知することだけを意識して番組をつくってきました。

流行によって人の気持ちが変わるのではないかと思われるかもしれませんが、それは錯覚にすぎません。いつの時代も人間の「本能」は変わらない。逆に言えば、発信する側がそうした根源的かつ普遍的なものを提供しなくなると、なんとなく受け手の解釈が変わったように思えてしまう。それは発信する側の責任であって、人の気持ちが変わったわけではありません。

ドラマの『VIVANT』や『不適切にもほどがある！』（ともにTBS）もカタチは変われど、人間の普遍的な感情をキチンと押さえているからヒットしたのです。

なので、笑いの世界でも松本さんの才能が時代に合致しただけとは思わないんです。ダウンタウンと松本さんは、いつの時代でも大衆にウケるだけの才能を持っていたのだと思います。今、サンドウィッチマンは国民的な人気を誇るお笑いコンビですが、私が『エンタの神様』のプロデューサーとして見つけたとき、みんなが「誰だ、この人たち」「なんでこんな人たちがエンタに？」とキョトンとしていました。

二人は『M－1グランプリ』（朝日放送・テレビ朝日）を制する2年前に『エンタの神様』に初登場しましたが、伊達君のツッコミの言い方、テンポと間、富澤君のボケの種類など、王道としての面白さを備えていました。笑いの法則にハマっているから僕たちは笑ってしまう。そういう人たちは時代に関係なく売れるのです。ただし、「きっかけ」は必要ですが。

とにかく人間の本能は変わらない。ですが、その見方やアプローチなどは変化します。テレビ史における笑いの世界は、コント55号、ザ・ドリフターズ、漫才ブーム、『オレたちひょうきん族』（フジテレビ）という具合に、笑いの表現方法が段々と変わっていきます。おそらく、『オレたちひょうきん族』までの時代はボケ（役）が主導するような笑いのパターンが多かったと思います。萩本欽一さんやいかりや長介さんなどはツッコミですが、あくまで坂上二郎さん、加藤茶さん、志村けんさんといったボケありきで突っ込む。しかし2000年代以降は、徐々にツッコミ目線が安定した笑いを生むことが増えてきたように感じます。

ネプチューンの名倉君は刑務所の慰問に行ったとき、どこの慰問へ行っても「きれいに僕のツッコミでドッと笑いが来る」と話していました。

サンドウィッチマンのライブへ行くと、伊達君のツッコミで見事に笑いが生まれます。富澤君のボケの面白さが伊達君の絶妙なタイミングのツッコミによって一瞬で観客に理解されるからです。

ボケのボリュームが多い時代から、ツッコミのボリュームが多い時代へと変わってくる。これは松本さんの笑いを考える上で一つのテーマだと思います。現在のバラエティ番組は、ダウンタウンの浜田雅功さん、くりぃむしちゅーの上田晋也君、マツコ・デラックスさん、有吉弘行君、そして明石家さんまさんといった方々がMCを務める機会が多いのですが、この5人に共通するのはツッコミが鋭く、的確だという点でしょう。つまり、ツッコミの名手がトーク番組をはじめ、さまざまな番組で重宝され、視聴者の支持を集めていることがわかります。

突っ込むことにより笑いが明確になり、視聴者の共感につながる。ボケが多少わかりづらくても鋭いコメントがあれば笑いが生まれる。バラエティ番組で言えば、『めちゃ×2イケてるッ!』(フジテレビ)などは、スーパー(テロップ)で突っ込むことで、より大きな笑いを生み出しました。『世界の果てまでイッテQ!』(日本テレビ)も的確な短いツッコミナレーションにより、さまざまなチャレンジをより面白くする効果を生んでいます。ツッコミ文化がバラエティ番組におけるウェイトを占め、笑いの形態がツッコミ的な要素を求める方向にシフトチェンジしていく。私はこうした変化こそ、松本さんの存在を一段階引き上げる要因になったのではないかと推測します。

島田紳助の引退がターニングポイント

その話をする前に、松本さんにもほんの少しだけ低迷期があったという点に触れておかなければいけないでしょう。あくまで私個人の意見ですが、映画『大日本人』『しんぼる』などを公開し、『爆笑!大日本アカン警察』（フジテレビ）が終わるくらいまで——2000年代後半から10年代初め頃まで、松本さんの求心力は若干ですが低下していたと感じます。

もちろん『すべらない話』や『笑ってはいけない』などの、軌道に乗った特番は好調でしたが。

余談ですが、松本さんには「松本信者」と言われる人たちが多いと言われます。しかし、もし仮に信者がとてつもなく多かったならば、松本さんの映画は興行的に成功していたと思います。信者は評判など気にせず、自分が信奉している人にとことんついていきます。ところが松本さんのケースで言えば、そうはならなかった。ですから私は、松本さんは信者ではなくファンが多い人だと思うんですね。

信者とファン、どちらのほうが良いか悪いかという話をしているわけではありません。松本さんのファンは「松本さん自身の存在感」が好きなのであって、彼がつくり出す作品はそれとは別にジャッジしているんだと思うのです。

さて、ここで先述したツッコミ文化の話に戻るわけですが、それまで松本さんは第一線でボケのカリスマとして人気を博してきました。ときにはツッコミ的な役回りをすることもあったでしょうが、隣にはツッコミのカリスマである浜田さんがいますから、基本はボケに徹します。ここに松本さんの息苦しさがあったように感じるのですが、2010年代に入って明確に松本さんのポジションが変わる番組が登場します。

それが、島田紳助さんが退いた席に座ることになった『M-1グランプリ』の審査委員長的役割と『ワイドナショー』（フジテレビ）のコメンテーターという役割です。前者は2015年に復活し、後者は2013年に始まります。それまでボケることを主とする役割の松本さんが、「説得力のあることを独特のボキャブラリーでしゃべる」ポジションになったことで結果的に、ツッコミ的立場での評価も得ることになります。これは『IPPONグランプリ』のチェアマンにも言えることでしょう。

松本人志という人間がボケの天才だけではなく、実は的を射るようなコメント、シニカルなコメントを発することができると世間に認知されたことで、それまで以上のカリスマ性を手に入れた。そうしたポジションになったからこそ、新しい松本人志像が生まれたと私は感じています。

ですから、もし紳助さんが引退していなかったら松本さんのポジションが今のようになっていたかわからないと思うんですね。紳助さんがテレビからいなくなったことはお笑い界に対してあまり影響はないと言う人もいますが、私の主観では明らかに萎んでいる印象を受けます。とくに『行列のできる相談所』（日本テレビ）は、紳助さんが引退されて以降、視聴率が急速に下がってしまったほどです。紳助さんの芸能界引退と、その後の松本さんの新たなカリスマ性は少なからずリンクしていると、私は思っています。

『Ｍ－１グランプリ』の審査委員長的役割を負うことで、笑い以上に緊張感を演出し、場の空気を真剣な世界観へと変えていく。そうした立ち居振舞いは見ているほうにも緊張感を与え、紳助さん引退後の『Ｍ－１グランプリ』に権威をもたらしたという功績は大きいと思います。こうした存在感を放つからこそ、『ワイドナショー』のコメンテーター、『ＩＰＰＯＮグランプリ』のチェアマンとしてのコメントも説得力が増し、同時に多くの視聴者（とくに男性）の共感につながったのではないでしょうか。ツッコミ的な立場で、独自の視点から放たれるボキャブラリー。ボケだけではなく合点がいくツッコミ目線。これらを踏まえた「説得力があって、しかも面白いコメントを放つ松本人志」へとワンステージ上がったことが、今に続く松本さんの権威化と無関係ではないと思うのです。

良いか悪いかは別として、ひろゆきさんやホリエモンさんのような言葉に力のある人を大衆は無意識に求めているように思えます。さかのぼれば、細木数子さんもそうですよね。言葉の「圧」ともとらえることができますが、ズバッと言い切るしゃべりの説得力を、いつの時代も視聴者は求めている気がします。小泉純一郎元首相も同様かもしれません。しゃべり方の説得力と、しゃべりが展開する場所があったこと。若干の低迷などものともせずに松本さんがカリスマ視されるようになったのは、こうした背景があったと思います。

『笑ってはいけない』シリーズという大発明

それに、多少の波はあったにせよ、やはり松本さんのコンテンツをつくる発想力は天才と言わざるを得ません。ソフトもハードもつくることができる。『ＩＰＰＯＮグランプリ』や『ドキュメンタル』（Ａｍａｚｏｎプライム・ビデオ）

などは、企画者として天才だと思います。とりわけ私が脱帽するのが、『笑ってはいけない』（日本テレビ）シリーズです。

人間には共感力の神経とでも形容すべきミラーニューロンという神経細胞があると言われています。事故の映像などを見て、こちらまで「痛い！」と感じてしまう現象はミラーニューロンによるもので、笑いにも同じ心理が働くと考えられています。

実際に私は『エンタの神様』で何回かこの共感力の実験をしたことがありました。芸人さんの後ろにカメラをセットし、客席が映るように回したのですが、不思議なほどに全員が同じタイミングで笑っていた。みんなが笑っているからシンパシーを感じ、つられるように笑ってしまうのです。

松本さんが発明した『笑ってはいけない』シリーズは、こうしたミラーニューロンを理解した上で、あえて「笑ってはいけない」と釘を刺す。笑いをこらえることにシンパシーを覚えさせ、より面白さを演出する。笑いをこらえる姿を見て面白いと感じさせ、思わず吹き出してしまう姿を見て、視聴者もつられて笑ってしまう。笑いの二重構造とも言える、ありそうでなかった大発明です。自身が面白いコメントを発するだけではなく、こうしたハードまでつくってしまうわけですから、やはり特別な存在だと思います。

前述したように私とダウンタウンの直接的な接点は数えるほどしかありません。ですが、もしかしたら一緒に番組をつくっていた――かもしれなかった。

私が『投稿！特ホウ王国』を手掛けていた1997年だったと思います。当時のマネジャーだった、現・吉本興業ホールディングス株式会社代表取締役社長である岡本昭彦さんから、「ダウンタウンを起用して何か番組を企画してくれませんか？」と相談されたことがありました。

繰り返しますが、私はダウンタウンが大好きで、この時の数年前にラブコールを送ったほどでしたから一緒に仕事をしたかった。しかし、そのとき私は『投稿!特ホウ王国』に加え『クイズ世界はSHOW by ショーバイ!!』『マジカル頭脳パワー!!』、さらには年間15本を超える特番などを抱えていたため、まったく時間がなくお受けすることができませんでした。

当時のダウンタウンは、『ガキの使いやあらへんで!』こそ人気番組として確立されていましたが、その他の日テレの番組ではなかなか思うような数字を記録することができませんでした。一方『投稿!特ホウ王国』は笑福亭鶴瓶師匠とウッチャンナンチャンが出演し高視聴率を記録していましたので、私にお鉢が回ってきたのだと思います。

ダウンタウンを起用するなら……私が考えていた番組案

多忙を極めていた私に余裕がないため実現することはありませんでしたが、もしもダウンタウンと一緒に仕事ができるなら、どんなコンセプトがよいか……を岡本さんとのお話のあと、妄想のように思い浮かべていました。その概略は、全国から面白い話を募集し、そのなかからとくに面白いと思った話を選別し、そのエピソードを芸人がしゃべるというもの。ラジオの深夜放送にリスナーから送られて来た爆笑エピソードを漫画チックに可視化するイメージです。

そのMCをダウンタウンがしたら面白くなるんじゃないのかと空想しました。

そうです。私が考えていた企画は『人志松本のすべらない話』に少し近いコンセプトで、『投稿!特ホウ王国』＋『テレビ三面記事　ウィークエンダー』（日本テレビ。全国ニュースで伝えられることが少ないB級事件を、リポーターがフリップボードを使って解説する番組）のような番組だったんです。

『マジカル頭脳パワー!!』が終了すると1999年から後番組として、私は『週刊ストーリーランド』という番組をスタートさせます。実はこの番組こそ、そのアイデアから派生したものでした。「全国から集められたノンフィクションの爆笑話」を「全国から集められたフィクションの面白話」に変えたんです。

『明石家サンタ史上最大のクリスマスプレゼントショー』（フジテレビ）は、笑えるエピソードなのに、話者である素人さんの間が悪いため、面白さが半減してしまうケースが珍しくありません。私はその頃、珠玉の面白いエピソードを腕のある芸人さんにしゃべらせたら、どれだけ笑えるのかを見てみたかったんだと思います。

さらに、天才的なひらめきを持つ松本さんが舵を取っていたら、きっと面白くなっていたのかもしれない。今となっては、そんな妄想を懐かしく感じます。ただ、私は映画監督タイプなので自分の言うことを聞いてくれる人ではないとうまくタッグを組めない。自身も監督気質である松本さんとうまくできたかどうかはわかりません。

ただ、後年、『人志松本のすべらない話』（フジテレビ）の放送が始まったとき、私は「やられた！」という思いと「やっぱり松ちゃんってすごいな！」という相反する感情を抱きました。『人志松本のすべらない話』は、土曜21時から放送されていたため、奇しくも数年前から放送していた『エンタの神様』の裏番組になってしまいました。流派はまったく違う。だけど、私は『人志松本のすべらない話』をとても面白いと雑誌などで公言していました。

松ちゃんも『エンタの神様』を意識していてくれたという話を間接的に耳にすることもありました。もしそれが事実ならば私はとてもうれしく感じます。そして、今後どこかで御一緒する機会があったら、仲良くではなく喧嘩しなが

らでもいいので（笑）、画期的なコンテンツをつくれたらいいな……と密かに期待しています。（談）

ごみ・かずお◎1956年、長野県生まれ。プロデューサー、演出家。早稲田大学中退、日本大学芸術学部卒。大学卒業後、CM・映画監督の市川準に師事しCMディレクターに。87年、日本テレビに入社。『クイズ世界はSHOW by ショーバイ!!』『マジカル頭脳パワー!!』『エンタの神様』など数々のヒット番組を手掛ける。2008年、日本テレビ史上最年少で上席執行役員に就任。その後、日テレアックスオン副社長などを務め、22年に日本テレビ放送網グループを退社。現在はフリーとして活躍中。

取材・構成／我妻弘崇

「発想力」で笑いの価値観を変えた非モテ男の逆襲

ラリー遠田（お笑い評論家）

ダウンタウンと松本人志が生み出した笑いは、芸能界で天下を取り、一つの時代をつくった。ビッグ3やウンナン、とんねるず、爆笑問題とは異なり、そのセンスが「シュール」と評されることもあった松本人志が、なぜ「笑いのカリスマ」と呼ばれるようになったのか？　ダウンタウンに関する著書も多数ある、お笑い評論家のラリー遠田氏がその笑いの独自性を分析する。

松本さんの笑いについては様々な切り口で語ることができると思いますが、あえて最も特徴的な部分を挙げるとすれば「発想力重視の笑い」ということです。

松本さんの笑いのなかには、どうやって考えたのかわからないような斬新な発想があります。初めて見た時から圧倒的に面白くて衝撃を受けました。ただ、その発想のルーツや背景のようなものがあまり見えてこなくて、得体が知れないところがありました。

例えば初期の漫才で「太郎くんが花屋さんに花を買いに行きました。さて、どうでしょう?」という有名なクイズネタがあります。これはいわゆるシュールな笑いと言われるようなものです。

このように文脈をずらしたり、突飛な発想を見せたりするシュールな笑いというもの自体はダウンタウン以前にもありました。演劇でも漫画でもそういうものはつくられていたし、そこに影響を受けた芸人やタレントもたくさんいました。でも、松本さんがやっていた笑いは、既存のものに影響を受けている感じがほとんど見られず、圧倒的にオリジナリティがありました。

タモリ、たけし、さんま、とんねるず、ウンナン、爆笑問題と様々な笑いのスタイルを持つ芸人さんがいたなかで、松本さんだけが「笑いのカリスマ」と呼ばれるようになったのは、極端に発想力に偏った笑いを実践してきたからでしょう。そこに多くの人が衝撃を受けたのです。

それはいわゆるベタな笑いの対極にあります。爆笑問題の太田光さんもダウンタウンの笑いについて〈爆笑問題と彼らは芸風がまったく違います。俺らは簡潔に言ってベタ。シンプルに笑いが欲しいタイプ。松本さんがつくったものはシュールな笑いなんですよ。客に向かって「これがわかるか」というアプローチ。〈笑われる〉のが俺なら、〈笑わせる〉のがダウンタウン〉〈そんなダウンタウンの笑いが、まさかその後主流になっていくとは思っていなかった〉と書いています（『週刊文春WOMAN』2024春号）。

太田さんが言うように、ダウンタウンの特別なところは受け手を選ぶマイナー志向の芸風のままでメジャーになったというところです。シュールな笑いをやる芸人や演劇人はそれまでにもいましたが、ダウンタウンほど国民的な支持を得るまでには至っていませんでした。

例えばタモリさんも本来はサブカル的な笑いの感覚を持った人ですが、毒のあるブラックな笑いの要素を抑えて『笑っていいとも！』（フジテレビ）などに出演して、大衆的なスターになりました。メジャーになっていく過程である程度は丸くなっていくのが普通なんですが、ダウンタウンの場合はシュールなネタや尖った芸風をそのまま見せて、その圧倒的な面白さで世間をねじ伏せていったのです。

松本さんは、それまで誰も見たことがなかった新たなお笑いの景色を見せてくれました。だから若い世代を中心にした当時のファンは「こんなの見たことない！」と驚き熱狂したのです。

台本のある漫才の面白さを超えるフリートーク

ダウンタウンのデビュー当時、その漫才を見た横山やすしさんが「チンピラの立ち話」と酷評したという話があります。それまでのテンポがいい漫才に比べれば、たしかにそう見えたのも仕方ありません。でも、このチンピラの立ち話はそれまでの笑いの常識を破壊してしまう面白さを持っていました。

ダウンタウンが本格的に漫才をやっていたのは最初の数年だけです。例えば『ダウンタウンのガキの使いやあらへんで!』(日本テレビ)でも、開始当初は漫才をやっていましたが徐々にフリートークがメインになっています。

ダウンタウンのフリートークでは、発想力に加えて「瞬発力」も見どころでした。『ガキの使い』では視聴者からハガキで寄せられた素朴な疑問に松本さんが答えるコーナーがありました。その場で出てきたワードや事象をフックに何か面白いことを言ったり、面白い展開をつくったりする即興トークです。

ダウンタウンはこの頃から漫才をほとんどやらなくなりましたが、これはあらかじめ台本がある漫才よりもフリートークのほうが面白くなってしまったからでしょう。普通は即興でやってもそこまで面白くないから事前にしっかり台本をつくり込んで漫才をやるわけです。でも、ダウンタウンはフリーでしゃべっていても、台本のある漫才の面白さを超えてくることがよくありました。

それが成立していたのは松本さんの発想力と瞬発力、そして浜田さんとの絶妙なコンビネーションがあったからです。阿吽《あうん》の呼吸で浜田さんが間合いをコントロールして、お客さんの反応を見ながら「あんまり伝わってないな」と思ったら、説明を加えたり深く突っ込んだりしながら会話を運んでいくわけです。

即興のほうが浜田さんも「松本が次に何を言い出すか」と身構えて、程よい緊張感が生まれます。お客さんも話がどういう方向に転がっていくのか読めないので、目が離せなくなります。吉本の創業110周年を記念した「伝説の一日」公演でお二人が披露していたのも、フリートーク形式の漫才でした。

ダウンタウンに憧れている芸人はたくさんいますが、フリートークを彼らと同じレベルでやれる人はおそらくいません。やっぱりあのお二人にしかできないことなんでしょうね。

人間の哀愁や悲哀を含んだ「異形のコント」

話術をベースにした漫才やフリートークに比べると、コントでは松本さんの生い立ちや人間的な部分が際立って見えてきます。発想の面白さに加えて、松本さんの内面にある思想や人間観のようなものがネタに滲《にじ》み出ています。

ダウンタウンのコントは、松本さんの頭の中にあるものをそのままひっくり返して見せているような感覚です。少し不気味だったりグロテスクだったりするビジュアル的なセンスにも独特なものがあるし、情緒不安定なキャラクターもよく出てきたりします。

『ダウンタウンのごっつええ感じ』（フジテレビ）では、松本さんが自分の母親をモデルにしたと思われる「おかんとマー君」のように、名作と呼ばれるコントがたくさんありました。ダウンタウンのコントのなかには「こういう状況は気まずい」「こういうことを言われたら落ち込む」といった、みんなが共感できるような絶妙なあるあるネタが入ってきたりもします。

一方、「トカゲのおっさん」のように感情を揺さぶられるようなコントも結構ありました。松本さんは尼崎の貧しい家庭に生まれ、ガラの悪い人や変わった人を日常的に見て育ってきました。彼が人生のなかで感じた悲しみや苦しみ、せつなさなどがコントの題材になっていたりします。哀愁や悲哀のようなテイストを含んだ笑いはないわけではありませんが、『ごっつ』のようなゴールデンタイムのテレビ番組でそれを突き詰めるというのは異例のことでした。

お笑い界のトップに君臨し続けられた理由

松本さんがこれだけ長く第一線で活躍できた理由は、その圧倒的な笑いの実力だけではありません。時代に合わせて自分のポジションや役割を変えてきた点も大きかったと思います。

ターニングポイントをいくつか挙げるとすれば、まず最初が、東京に出てきて全国区に進出する足掛かりとなった番組『夢で逢えたら』（フジテレビ）でしょう。その頃は共演したウッチャンナンチャンのほうが少し人気が先行していて、そのウッチャンナンチャンに肩を並べる存在ということでダウンタウンも引き上げられました。

その次が『ガキの使い』と『ごっつええ感じ』です。この2番組でダウンタウンの笑いが一気に全国区になるわけですが、この時期には基本的に大阪時代から親交が深い今田耕司さんや東野幸治さんといった後輩芸人を東京に呼んで、共演者をいわゆるダウンタウンファミリーで固めていました。松本さんのシュールな笑いは難解だと言われますが、その笑いの純度を薄めることなく、世の中に伝わるようにするためには気心の知れた後輩と仕事をするのが効果的でした。

『ガキ』や『ごっつ』は視聴率も取っていたのですが、あとになって発売されたビデオやDVDなどのソフトも圧倒的に売れました。見る人が何度も見返したくなる作品としての魅力がある笑いをずっとつくり続けていたということでしょう。

1990年代半ばには深夜番組の『一人ごっつ』『松ごっつ』（ともにフジテレビ）や武道館での1万円ライブなど、実験的な方向の笑いを模索する時期もありました。ただ、その一方では普通に『HEY!HEY!HEY! MUSIC CHAMP』（フジテレビ）や『ダウンタウンDX』（読売テレビ）のような大衆的な番組もやっていました。

これが変化し始めたのが2000年代に入ってからです。とくに2005年から始まった『リンカーン』（TBS）では、それまで深い関わりがなかった他の事務所の芸人と共演し、その後はどんどん一緒に番組をやるようになりました。これで多くの芸人との距離が縮まり、バラエティ番組でやれる企画の幅が大きく広がっていきました。

この頃までは基本的に松本さん自身がプレイヤーとして最前線で戦っていたわけですが、徐々に一歩引いたプロデューサー的な立場の仕事も増えていきました。『人志松本のすべらない話』（フジテレビ）のMC役や『IPPONグランプリ』（フジテレビ）のチェアマン、『M－1グランプリ』（朝日放送・テレビ朝日）や『キングオブコント』（TBS）の審査員もそうですね。すでに芸人としてはトップの地位にいましたが、この時期にさらにポジションが上がって、お笑い界のリーダー的な立ち位置が明確になっていったような気がします。

芸人として最前線で戦い続けるのは精神的にもきつく、競争も激しい世界です。最前線で戦う立場から徐々に役割を変えていったことも、長く続けられた理由ではないでしょうか。

そしてもう一点、所属事務所である吉本興業の存在も忘れるわけにはいきません。ダウンタウンが天下を取る過程と、吉本が東京の芸能界に進出していった過程は完全にシンクロしています。現在の吉本は日本トップの「笑いの総合商社」として認知されていますが、ダウンタウンがデビューした当時は、まだ大阪ローカルの芸能事務所というイメージが強かったのです。芸人養成所のNSCも、1期生にダウンタウンがいなければここまでの大成功を収めることはできなかったかもしれません。ニワトリと卵のどちらが先かというようなことかもしれませんが、ダウンタウンと吉本興業の双方が、ちょうどいいタイミングで成長したことによって、現在の「お笑い一強時代」がつくられたと言えるでしょう。

テレビをお笑い芸人のものにした松本人志

松本さんは様々な企画をプロデュースすることで、お笑い業界全体を活性化させてきました。おそらく「人はどういうときに笑うのか？」「こういうふうにすれば笑いやすくなるんじゃないか」と四六時中お笑いのことを深く考えるなかで、数々の名企画が生まれたのでしょう。

松本さんは『笑点』（日本テレビ）でやっているようなものとは違ったスタイルの「フリップ大喜利」を発明して、『IPPONグランプリ』のような大喜利番組を生み出しました。また、『すべらない話』では、芸人のエピソードトークを一つの番組にすることに成功しました。「笑ってはいけない」という状況を設定することで笑いを増幅させるというアイデアが画期的だった『笑ってはいけない』シリーズ（日本テレビ）は、15年間にわたって大晦日の風物詩として人気を博しました。この「笑ってはいけない」のシステムを応用した芸人同士の笑わせ合いは『ドキュメンタル』（Amazonプライム・ビデオ）にも採用されています。

松本さんが考案した企画によってテレビ業界はかなりの恩恵を受けましたが、松本さんがテレビに与えた影響はそれだけではありません。特筆すべきは、芸人が活躍する番組が爆発的に増えたことです。

芸人はお笑い系のバラエティ番組だけではなく、様々な場面で重宝されるようになりました。ロケに出て何かをレポートしたり、リアクション芸を見せたりするのはもはや当たり前で、情報番組や報道番組に出てコメンテーターをしたり、俳優としてドラマに出演することも珍しくありません。テレビの全ジャンルを芸人が覆いつくしていると言ってもいいでしょう。

一昔前までのテレビでは、ここまで芸人の占有率は大きくありませんでした。

かつてはバラエティ番組にも文化人や知識人と呼ばれるような人たちが出ていて、じっくりと含蓄のあることをしゃべったりもしていました。しかし、今ではそういう人をテレビで見かける機会はめっきり減って、即興で面白いことを言える芸人ばかりが重宝されています。

テレビ全体がお笑い化して、芸人のものになりつつあるのです。そういう時代になったのは、もちろん一人ひとりの芸人の日々の努力のおかげですが、そのなかでも松本さんの影響は大きいです。

今、テレビで活躍している芸人の大半は、松本さんの影響下にあります。松本さんの背中を見て育ってきているので、与えられたお題に対して即興で面白いことを返すコメント力がある人も多い。もともと芸人はその場の空気を読む能力が高く、求められたことを的確にやることができるし、芸人がしゃべっていれば場が保《も》つということもあります。テレビのスタッフもますます芸人を頼りにするようになっているし、そのことで芸人の笑いの技術レベルもどんどん上がっています。

今のテレビの現場では、芸人以外のアイドルや俳優やアーティストにも、芸人的なスキルや立ち振る舞いが求められるようになっています。テレビの現場がお笑いの論理で動くようになり、お笑いがわかっている人が売れる時代になりました。

お笑い芸人の地位を劇的に上げた

一昔前までは「明るく楽しいクラスの人気者」のようなタイプの人が芸人に向いていると思われていました。松本さんはどちらかというと根暗で内向的なところがあり、決して明るい性格ではありません。でも、そんな松本さんが発想力とセンスを武器にして成り上がっていったことで、「ボソッと面白いことを言う内向的な人間」こそが面白いのだという価値観が生まれて、それが広まっていきました。

1980年代のバブル期まではお笑い界でも勢いやノリ、明るさが重視されていました。だから体育会系や運動部で明るく楽しくやっているキャラクターが強かった。代表的な例がとんねるずです。でも、松本さんは自分の中にそういう資質がないことをわかっていたし、若い頃はそういう人たちにコンプレックスも抱いていました。明るくてスポーツができて女性にモテる男が偉いという風潮に逆らって、本当に面白いことさえできればその価値観を全部ひっくり返せると考えたのです。自分が勝てる武器としてお笑いを見つけたのでしょう。

その価値観を広めて世間に定着させたことで、松本さんのカリスマ性も高まりました。その結果として「松本がやっていることだから面白いはずだ」「理解できないほうが笑いのセンスがない」とまで考える人も出てくるようになりました。笑いに関する信頼感を得て、松本さんが絶対的な笑いの基準になったのです。

『M－1』では、芸人も視聴者も全員が松本さんの評価を気にしています。他の審査員の点数がよくても、松本さんに低い点数をつけられたら芸人は深く落ち込みます。でも、評価してもらえれば、たとえ負けてしまったとしても、

「アイツらは面白いヤツだ」と思われてその後の仕事につながります。そのくらい松本さんの目線が絶対的なものだったんです。

松本さんのカリスマ的な魅力が世間に広まったのは『遺書』『松本』（ともに朝日新聞出版）というベストセラー本の影響もありました。ここで披露された松本さんの笑いに対する哲学や思想のようなものは、これ以降に出てくる芸人に大きな影響を与えました。松本さんのスタイルに憧れて「信者」を自認する芸人は今でもたくさんいます。

ただ、これらの本で書かれていた攻撃的で挑発的な言葉は、松本さんにとってはお笑いの地位を上げるためでもあったそうです。当時は芸人が世間から軽く見られていて正当に評価されていなかった。そこで、松本さんはあえて笑いというものはどれほどすごいのか、というのを強調することで、芸人の評価を高めようとしたのです。

実際に芸人の地位は劇的に上がりました。かつては芸人は「イロモノ」として歌手や俳優に比べて下に見られがちでしたが、今では「芸人は笑われるものじゃなくてカッコイイものだ」「面白いことがカッコイイ」という価値観が当たり前になっています。この変化は間違いなく松本さんの存在があったからでしょう。

いずれにしても、松本さんの芸や思想は、様々な形で受け継がれており、下の世代の芸人はみんながそれを当たり前のように実践しています。松本さんが切り開いてきた笑いの価値観は、本人の手を離れても日本の文化の一つとして受け入れられ、根づいているのです。（談）

らりー・とおだ◉1979年、愛知県生まれ。お笑い評論家。東京大学文学部卒業後、テレビ制作会社に入社。その後、フリーライターとなり著述活動を始める。お笑いに関する評論記事を数多く執筆し、メディアにも出演。著書に『お笑い世代論 ドリフから霜降り明星まで』（光文社新書）、『教養としての平成お笑い史』（ディスカヴァー携書）、『なぜ、とんねるずとダウンタウンは仲が悪いと言われるのか？』（コア新書）など多数。

取材・構成／常松裕明

面白くない瞬間すら笑いにするコペルニクス的転回

デーブ・スペクター

流暢《りゅうちょう》な日本語とダジャレを駆使して40年以上も日本の芸能界で活動してきたデーブ・スペクター氏。タレント活動の一方で、日本の情報の海外への紹介や、海外からテレビ番組を買いつけるテレビプロデューサーとしての顔を持ち、シビアな視線で日本の芸能文化を見続けてきた。そんなデーブ氏の目にダウンタウン・松本人志という笑いのカリスマはどう映っていたのか。

松本人志さんが生み出した笑いは本当に唯一無二のものです。その特徴を僕の感覚で言うなら「カオス」ですね。松本さんが生み出す笑いは誰にもコントロールできません。だから面白いんです。

僕は1980年代の初め頃から日本のテレビ番組に出るようになり、たくさんの芸人さんたちとお会いしてきました。そのなかでもダウンタウンの二人、とくに松本さんの存在は最初から異質でした。ダウンタウンが大阪で活動していた頃から見てきましたが、この印象は現在までずっと変わっていません。言い換えればもう完成されていたんだと思います。

僕はもともと日本のお笑い番組がすごく好きだったので、その頃から日本のバラエティ番組をめちゃめちゃチェックしていました。東京キー局の番組だけじゃなく、大阪をはじめとする地方の番組も観ていたんです。関東では観られない番組もたくさんあったので、関西の知人に頼んでいろんな番組を録画してもらい、デカイVHSのテープを何本も送ってもらっていました。

そのビデオに映っていたのが、まだデビューしたてのダウンタウンです。とくに衝撃を受けたのが読売テレビで放送されていた『ダウンタウンの2丁目十番勝負!』という番組。調べてみると放送していたのが1988年だから、

『4時ですよ〜だ』(毎日放送)開始の翌年ですね。もちろん『4時ですよ〜だ』もビデオで観ていたし、関西での「2丁目ブーム」の盛り上がりも知っていました。小さな心斎橋筋2丁目劇場に入りきれないほどのファンが集まって、すごい騒ぎになっていると聞いていました。

ただ、『2丁目十番勝負』は『4時ですよ〜だ』以上に松本さんの魅力が爆発していたんです。実は20年くらい前に共演した時に、このビデオをDVDに編集して二人にプレゼントしています。本人たちはいちいち自分の出演番組を気にするタイプじゃないし、どうせ番組も録画してなかっただろうと思って。まあ、渡した時の反応は二人とも微妙でしたけど。とにかく、ずっとビデオをとっておいたくらい僕にとっては強烈なインパクトだったんです。

だから、この頃は東京のテレビ局の人たちに会うたび、「大阪にダウンタウンってすごい若手コンビがいるんですけど知ってますか?」って話しまくっていました。反応はほとんど「あ、そう」という感じでしたけど。東京のテレビ業界で、まだ若手だったダウンタウンに注目していた人はほとんどいなかったんじゃないかな。80年代後半のテレビ業界は完全に東京が中心でした。芸能界のど真ん中にはビートたけしさんがいて、若手でいちばん勢いがあったのはとんねるずさんという時代です。

ダウンタウンが出てくる以前は、大阪、関西の笑いっていうのは、全国区のテレビのなかではそこまで主流ではありませんでした。もちろんたくさんの芸人さんがいるのは知っていましたよ。横山やすし・西川きよしの二人はすでに大御所だったし、80年前後の漫才ブームからは紳助・竜介やオール阪神・巨人のようなコンビも登場しています。続いて『オレたちひょうきん族』（フジテレビ）でスターになった明石家さんまさんもテレビのど真ん中にいましたが、それでもテレビ業界にはまだまだ東京中心の意識が強くて、関西からやってきた芸人さんに対しては「テレビに出してあげている」という意識が根強かったんです。

今でも「関西ローカル」という呼び方をしますけど、あの表現はよくないですよ。東京中心で物事を考えるからそうなるけど、全国で考えれば東京と被っていないというだけで、別にローカルでもなんでもない。今だって大阪制作の番組はたくさんあって、西日本を中心に九州、四国、北海道なんかの地方局が買って放送しています。買ってないのは東京だけという番組もたくさんあります。

とにかくそんな時代に大阪からやってきたのがダウンタウンだったんです。

ダウンタウンを生んだ大阪と吉本の〝魔力〟

ここで大きな意味を持っていたのは、彼らが大阪からやってきたということ。今風に言うなら「レペゼン大阪」でしょうか。松本さんがお笑いの世界で新しい時代を切り開くことができた大きな要因として、彼らが大阪・兵庫で生まれ育ったというベースがあったことがとても大きかったと思っています。

大阪っていう街は本当にすごいんです。関西のオバチャンがよくネタにされるように、東京のどこかよそよそしく気取っている空気に対して、大阪の気質はオープンでハッピーです。渋谷生まれだった橋下徹があんなにしゃべれるようになったのも、関西に引っ越して関西の空気やテレビ番組を観て感化されたからなんです。関西はお笑い番組の数も質も普通じゃないんです。

外国人旅行者にも大阪が人気だというのも納得です。僕自身、来日した頃から大阪の街や人が大好きで、関西キー局の番組にも出させてもらっていますけど、今まで何千回行ったかわかりません。行くたびに東京とは違う〝笑いの聖地〟なんだということを実感します。

ダウンタウンはそんな大阪でつくったスタイルのまま、東京で活動を始めましたが、インパクトが強かったのがそのまま関西弁を使ったこと。関西弁ってお笑いには最適の言葉じゃないですか。同じネタでも標準語でしゃべったら面白くないんですよ。関西以外の芸人さんには申し訳ないんですけど、やっぱり違うんです。よく使われる「なんでやねん」とか「アホ」といった言葉のニュアンスは標準語では絶対に出せません。関西弁はズルいんです。そのくらいお笑いでは違いがあると思っています。

関西弁だと素人さんの日常会話ですら面白いじゃないですか。フリがあってボケがあってオチがある。普通のタクシーの運転手さんですら面白い。みんなが面白いから笑いのハードルはすごく高くて、その土壌のなかで育ってきた芸人さんたちは厳しい競争を潜《くぐ》り抜けてきています。

ついでに言えば、ダウンタンが出てきた吉本興業という会社もすごい。いろいろ言われることも多いですが、芸人さんを生み出すのにはやっぱりよくできたシステムなんです。世界中を見てもあんな会社はありません。アメリカだってコメディアンを育てて売り出す会社なんてなくて、あるのはエージェント会社だけで、誰もエージェント会社の名前なんて知りません。でも日本では吉本の名前は子供からおばあちゃんまで知っている。やっぱり、これは評価しないといけないと思うんです。問題になったジャニーズもそうですが、日本の芸能界らしいシステムとしては評価すべきところがある。

とくにすごいのがNGK（なんばグランド花月）とかルミネ劇場（ルミネtheよしもと）みたいな自前の舞台を持っていること。みんな舞台で下積みをしているから基礎がしっかりしています。東京のルミネ劇場なんかは若い女の子が多いけど、大阪の劇場だとお客さんも目が肥えているからごまかしがききません。テレビではバーターとかで若手を使うとかはあるかもしれないけど、大阪だと本当に優秀な人たちはちゃんと売れるし、そこそこの人もそれなりに活躍する場所がある。そんな土壌から出てくる芸人さんが面白くないわけがないんです。

だから漫才ブームが起こって、吉本が東京に支社をつくって進出してきた時に、僕はメチャクチャ怒ったんです。東京に来るなっていう意味じゃなくて、東京の変な感覚に染まらないで、そのまま大阪から発信してほしかったんです。せっかくの大阪ブランドが薄まっちゃうんじゃないかと思ったんです。結局、そこは『ひょうきん族』とかで有名なフジテレビの横澤彪《たけし》さんが間に入って上手にやりましたけどね。横澤さんは、お笑いの世界では『スター・ウォーズ』のヨーダみたいな人でしたね。

大阪という〝笑いの聖地〟みたいな都市で育った感性をベースにしたダウンタウンが、大阪の笑いを担ってきた吉本という会社から登場して新しい時代をつくったのは時代的にも必然だったように思います。

松本さんも今では大阪にいた時間より東京での暮らしのほうがはるかに長くなっています。それでも根っこには大阪という特別な世界で育まれた感覚がずっとある。だから今でも、息をするようにお笑いを生み出すことができるんだと思います。

松本人志の「独創的」で「超現実的」な発想

東京に来た松本さんが選んだのは、東京のテレビで流行《はや》っていた既存の笑いに合わせることではなく、新しい自分の笑いで勝負する道でした。

ダウンタウンが本格的に東京のテレビに登場しはじめたのは1988年の『夢で逢えたら』（フジテレビ）でしょうか。最初は深夜から始まって全国ネットのプライムタイムに昇格していきました。この番組の座組もよかったですよね。共演していたウッチャンナンチャンは笑いのスタイルは違っていましたが、それまでになかった新しい笑いをつくっていたという共通点があったと思います。

先ほど松本さんのつくる笑いは大阪の文化がベースにあって生まれたと言いました。ただ、笑いそのものは東京で紹介されてきた「大阪の笑い」とまったく違うものでした。それまで東京で考えられていた大阪の笑いのイメージはやすきよさんのような漫才や、吉本新喜劇のようなベタベタな喜劇でした。島木譲二さんの大阪名物パチパチパンチやチャーリー浜さんの「──じゃあ～りませんか」といった誰にでもわかりやすく、子供から大人まで楽しめる笑いです。すでに活躍していたさんまさんはシュッとしたスタイリッシュさを身に付けていましたが、笑いは万人が笑える親しみやすさがベースです。

もちろんこうした笑いにも魅力があるのでどちらがいいという話ではないのですが、少なくとも当時の東京では主流ではなく、どこか下に見るような、ある種のアレルギーのようなものがあったかもしれません。

でも、松本さんの笑いはそうではありません。大阪の笑いのエッセンスを吸い込んで育ったのに、ベタとは真逆のさらに進化した新しい笑いだったんです。それを僕は「カオス」と感じました。芸人さんやバラエティの世界では「シュール」と呼ぶのかもしれません。独創的で超現実的な発想のことですが、松本さんの笑いも、なんでそういう発想になるのかサッパリわからないのに、出てきた笑いはメチャクチャ面白く笑えるものになっている。

そのすごさが最初に伝わったのが『ダウンタウンのガキの使いやあらへんで！』（日本テレビ）でしょう。『夢逢い』は全国区になるきっかけの番組でしたが、よりダウンタウンの本領が発揮されはじめたのはこの番組からでしょう。

現在も続く長寿番組で、今でこそたくさんの後輩芸人と共演していますけど、最初の頃はダウンタウンが二人っきりで漫才やコント、フリートークをやっていました。そのなかでも飛び抜けて面白かったのが、浜田さんとのフリートークです。番組に届いたはがきを読んだりするなかで、日常にあるほんの小さな違和感をきっかけにして、松本さんがどんどん異常な世界観を広げていくんですが、あのぶっ飛んだ発想力は松本さんにしかできない。

その後にメインになった企画のスタイルも松本ワールド全開ですよね。「松本NOパンチラゴルフ！」なんか最高です。説明するのは難しいんですが、松本さんがパンツ丸出しでゴルフをやるだけなんです。台本があるのかどうかもわからないような流れで松本さんがヒートアップして、浜田さんが抜群のアシストでつなげていく。あれだけで30分なんか普通はできません。本当にセンスがいいんです。

こうした企画がのちの年末恒例『絶対に笑ってはいけない』シリーズ（日本テレビ）になっていったと思うんですが、あの特番が終わったのも本当にバカですよ。ＢＰＯ（放送倫理・番組向上機構）の委員を呼んでケツバットをしたいくらいです。

笑いに真剣に向き合うストイックな姿勢

松本さんが何を目指していたかはわかりませんけど、少なくともタレントとして有名になりたい、お金持ちになりたいというだけではなかったと思っています。

僕はダウンタンが東京に来てからは何度も同じ番組に出たり、彼らの番組に呼んでもらいましたが、最初に共演したのが『笑っていいとも！』（フジテレビ）だったんです。彼らの面白さを知っていたから共演できるのはうれしかったですね。

まあ、彼らはすぐ『いいとも』は辞めちゃったんですけどね。普通だったらあんな国民的番組を自分から降りるなんて考えられないんですが、あれも松本さんらしい理由があったんです。当時の番組のスタッフさんから聞いた話なので本当に言ったかどうか確信はないんですけど、松本さんはお客さんが安すぎて「これじゃあアカン」と思って辞めたそうです。

たしかに、『いいとも』のお客さんはメチャクチャ笑ってくれるんですよ。プロデューサーだった横澤さんの方針で、客席は全員が18歳から20代前半くらいの若い女の子しか入れてなかったんです。何を言っても笑ってくれるから夕レントにとっては本当にいいお客さんなんです。でも、松本さんにとってはいいお客さんではなかった。

松本さんはまだ20代半ばくらいだったと思うけど、そのくらい「人を笑わせる」ということに真剣に向き合っていたんです。もう立川談志さんレベルのこだわりですよ。放送作家さんとかに聞いても、その後に始めた番組の収録現場での松本さんは、ピリピリして怖いくらいだったそうです。

自分の笑いをつくろうとする姿勢は、その後に始めた『ガキの使い』と、フジテレビの『ダウンタウンのごっつええ感じ』で一つのピークに達したと思います。『ごっつええ感じ』はフジテレビのバラエティが面白かった時代の最高傑作で、ナインティナインの『めちゃ×2イケてるッ！』と並んで、フジテレビにとって最後のバラエティ番組と言ってもいいくらい面白い番組でした。

特徴的だったのは、『ごっつ』ではすでに東京で活躍していた他の芸人さんとは絡まないで、自分たちの世界をできるだけそのまま伝えようとしたこと。『ガキの使い』もそうでしたが、『ごっつ』ではより本格的に大掛かりにやるためにダウンタウンの笑いの感覚をわかっている後輩や仲間を大阪から連れてきましたよね。2丁目劇場で一緒にやっていた今田耕司さんや東野幸治さん、板尾創路さんです。これもすごいこだわりですよ。

この番組あたりから松本さんは、ネタ作りから制作に深く関わるようになりましたよね。もちろん作家さんもいたんだろうけど、松本さんのエッセンスがいちばん濃縮された形になって、コントやパロディが生まれていました。「トカゲのおっさん」とか「キャシー塚本」といったコントのシリーズは松本さんにしかできない発想です。

ただ、『ごっつ』で僕がいちばん印象に残っているのは、番組が打ち切りになったエピソードなんです。あれも松本さんがストイックなまでに笑いに取り組んでいたから起きたことだと思うんです。たしか2時間スペシャルを予定していた放送日にプロ野球の優勝決定試合が重なって、放送が翌週に延期されてしまったんですね。フジテレビから連絡もなくて松本さんがキレたということでした。

もちろん何か重要なニュースだったら受け入れていただろうけど、野球で予定が変わるのはその時だけじゃなく何回もあって、それはさすがに許せないと思った気持ちはよくわかります。松本さんは絶対に野球よりも自分の番組のほうが面白いと考えていたでしょうし、この時もスペシャルに合わせて、その前の週までの放送で「フリ」を入れて流れをつくっていたのが台無しになるわけですから。

普通のタレントさんだったらそこで不満は飲み込むんです。番組を辞めたりはしません。でも松本さんは、フジテレビの他の番組も含めてすべて出演をボイコットしましたよね。最終的に番組は打ち切りになって、マスコミにも、ワガママだなんだとけっこう叩かれました。

でも、これも松本さんがお笑いに真剣に向き合っていたから起きてしまったことだと思います。逆に言うなら、松本さんが若い世代のカリスマになったのは、こういう大人の社会のルールに簡単に従わず、自分の価値観を大切にする姿勢が伝わっていたという面も大きかったんじゃないかと思います。

誰と絡んでも面白くできるＭＣ

ちょっと上から目線みたいで申し訳ないんですが、意外と評価している人が少ないと思うのが松本さんの番組ＭＣのうまさです。ダウンタウンが揃ってＭＣをしている番組では、浜田さんがいわゆるＭＣ的な立ち位置で番組の進行を仕切って、松本さんはその横で短い言葉を差し込みながら笑いをつくっていくというイメージだと思います。でも、その短い言葉が誰にも真似できない天才的な発想なんです。

とくに『ＨＥＹ！ＨＥＹ！ＨＥＹ！ ＭＵＳＩＣ ＣＨＡＭＰ』（フジテレビ）なんかは大好きでした。それまでの音楽番組だと、ミュージシャンやアーティストが来てもあんまり茶化さないんですよ。大体は新曲のプロモーションとかだし、いろんな利権関係もあるから、あんまり茶化しちゃいけないっていう変な空気があります。タモリさんだってやっぱり気遣うし忖度《そんたく》するんです。でも

『ＨＥＹ！ＨＥＹ！ＨＥＹ！』はもうツッコミまくりでなんでも言ってましたよね。もちろんそれができたのは、絶妙な話芸を持っている二人だからこそ許されたんですけど。

普通はアーティストのイメージもあるし、ある程度は尊重しないといけないなかで、「そんなんやってられへん」って、どんどんダウンタウンワールドに巻き込んでいく。あの攻撃性はすごかったし、そこが面白かった。他の音楽番組はみんな自分の歌が終わると席に座ってつまらなそうにしてるだけで、そんなのは観ていても面白くないですからね。

だからダウンタウンを音楽番組のＭＣに起用したスタッフさんも偉いですよ。多分、アーティスト側からの苦情もたくさんあったと思うし、そういうリスクを取っても面白い番組をつくろうとしたわけですからね。

『ＨＥＹ！ＨＥＹ！ＨＥＹ！』は、その後のバラエティでお笑いの人がそれ以外のジャンルのタレントさんとかアーティスト、役者さんとかを相手に、どんどんツッコんでもいいんだという総バラエティ化の流れをつくったとも言えるんです。

ダウンタウンの人気と面白さが世間に浸透してからは、逆に役者さんやアーティスト側がダウンタウンのファンだっていうケースも増えて、バラエティに出やすくなりました。誰と絡んでも面白くできるというのは、本当にすごいこと。この流れで、今は浜田さんが『ジャンクSPORTS』（フジテレビ）でアスリートを相手に同じことをやっていますよね。

松本さんの笑いは本来、かなりマニアックで、わかる人にしかわからないようなテイストもたくさんあります。そんな松本さんが大衆的なテレビという舞台で活躍してこれたのは、MCという難しいポジションに立っても自分から笑いをつくれる才能があったからだと思うんです。

その意味では、コンビとしての活動を変わらず続けていることも大きい。舞台を中心にやっている芸人さんは別ですが、テレビがメインの場合、たいていのお笑いコンビは売れれば売れるほどコンビとしての活動は減っていくのが普通です。どうしてもコンビ間で人気や売れ方に格差ができちゃいますからね。

でも浜田さんは松本さんとはもう少し対等です。浜田さん一人でも面白いじゃないですか。浜田さんは、ダウンタウンとしてやるお笑いに関しては完全に松本さんの才能を立てています。でも、浜田さん自身も十分面白いんです。

小学校からの同級生ってこともあるかもしれませんが、やっぱり同じ時代に同じ大阪・兵庫の空気を吸って育ってきたし、プロになってからも同じ環境でお笑いをやってきた浜田さんの存在は、松本さんが自由に笑いをつくるためにも欠かせなかったはずです。

松本人志が生み出した新しい笑いのフォーマット

よく松本さんは日本のお笑いを変えたと言われます。その笑いは圧倒的にオリジナルでしたが、松本さんはある時期から、番組としてもどんどん新しい笑いのフォーマットを生み出すようになりました。数え上げればキリがありませんが、『人志松本の酒のツマミになる話』『人志松本のすべらない話』『ＩＰＰ

ONグランプリ』(すべてフジテレビ)、それからAmazonプライム・ビデオで始めた『ドキュメンタル』などが代表的なところでしょうか。

松本さんとよく比較されるのが、一つ前の世代で一世を風靡《ふうび》したビートたけしさんです。ただ、番組の企画への関わり方で言えばかなり違いがあると思います。たけしさんの場合は、テリー伊藤さんのように優秀なディレクターがいて、たけしさんのキャラクターを上手に使ってバラエティの企画を生んでいました。でも松本さんの場合は、松本さんの発想がベースなんです。それを周りのディレクターさんが形にしていくという点でかなり違っていますよね。

本当かどうかわかりませんが、松本さんがよく使っていたことで、今では普通に使われるようになったと言われるお笑いに関する言葉もたくさんあります。「空気を読む」「噛む」「絡みづらい」「ドン引き」とかがそうですが、そのなかでも僕がすごいと思っているのが「サムい」「スベる」っていうワードです。これを使うことで、面白くない瞬間ですらちゃんと救って笑いに変えてしまうんです。

僕は昔からよくダジャレを言ってきましたが、以前はただ「面白くない」とか、「しょうがないなあ」という感じで、たいていは乾いた苦笑いで終わっていました。ところが松本さんが出てきて以降は、その面白くないことすら笑いにしてもらえるようになったんです。

そういえば、僕が『酒のツマミになる話』に出た時も、松本さんには「オモロないなあ」と散々言われましたが、それって面白いって言われてるようなもので、最後にはちゃんと笑いにしてくれるんです。しかもそれで終わりじゃない。その後、アンミカさんがこの番組に出た時、あれも本当につまらなかったんですけど、松本さんが「お前、そこはデーブ・スペクターの席だよ」って僕の名前を出して笑いにしてくれていました。

おかげで最近は街を歩いていても、「デーブさん、何かつまんないこと言って」とか言われます。そういう〝つまらないも面白い〟という発想が広まったのって松本さんからだと思うんです。

松本さんがカリスマになったのはもちろん笑いの才能が飛び抜けていたから

ですが、他の面でも誰かの真似じゃないオリジナルだったことも影響していたと思います。

また昔の話で恐縮ですが、僕がいちばん松本さんらしいなと思ったのが、彼の車を見た時のことです。まだ河田町（新宿区）にあった頃のフジテレビの青空駐車場なんですが、ある日、真っ黒なカマロが停まっていたんです。それも普通の黒じゃなくてマットブラック（つや消し加工された黒）で、窓も全部スモーク。その頃の僕は車好きで格好いい車を見るとチェックしまくっていたんだけど、警備員さんに聞いたらそれが松本さんの車だった。大阪から乗ってきたのかもしれませんが、マットブラックのカマロっていうチョイスはさすがだなと思いましたよ。さすがの所ジョージさんだってこれは選ばないですよ。

もう一つすごいなと思ったのがファッションのセンスです。よく「芸能界でおしゃれなのは誰ですか？」って聞かれますが、僕はダウンタウンの二人が最高だと思っています。

最初からテレビに出る時の衣装が独特でしたよね。基本的に浜田さんはカジュアルなアメカジで、そのまま大阪のアメリカ村でしゃがみ込んでいてもおかしくない格好でした。松本さんは毎回、スーツスタイルでしたが、この着こなしが独特なんです。シャツの第一ボタンは外してネクタイはユルユル。最近はみんなこういう着こなしをするようになりましたが、あの頃はシャツのボタンはいちばん上まで留めてネクタイをするのが当たり前でした。他にも袖口のカフスを留めず、わざとダルダルだったり、一見するとスーツでちゃんとしてると思ったらやっぱり乱れてるんです。当然ですけどテレビの衣装はスタイリストさんがいたはずですが、あの着こなし方は絶対に松本さん本人のセンスでしょう。

アメリカよりもレベルの高い日本のお笑い

最近は、「日本のお笑いは海外に比べてレベルが低い」「日本の笑いには政治性がない」といった議論が聞こえてきます。そして、「そんな風潮をつくったのは、松本さんがつくった笑いがいつまでもトップにいるからだ」と言う人もいるようです。

たしかに僕がよく知るアメリカのコメディアンは政治や宗教、人種といったシリアスな話題をよくネタにしています。欧米では誰もが興味を持つ政治がネタにしやすいという事情があるからです。ただ、「だから日本のお笑いはレベルが低い」とはまったく思いません。

逆に言うとアメリカのコメディは狭くて、日本はお笑いの土壌が豊かなんです。政治や思想なんて難しいことを知らなくても、身の回りの人間関係や、普段の何気ない生活のなかにある出来事をどんどん笑いにできるんです。

そもそもアメリカと日本ではお笑いの受け取られ方がまったく違います。まず大きな違いとして、基本的に今のアメリカのコメディアンってほとんどがピンのスタンドアップコメディなんです。番組によっては一緒にやるパートナーのような相手はいるかもしれないけど、ほとんどは一人。だからツッコミがいないんです。

対して日本では「ボケ」と「ツッコミ」が当たり前のようにありますし、こうした関係は一般の日常会話にも浸透しています。

もう一つ違いを挙げれば、日本の芸人さんは圧倒的にスターなんです。アメリカの典型的なコメディアンだと、まず小さいライブハウスやクラブなんかでコツコツ下積みをします。お客さんはみんなお酒が入っているからヤジとかもすごい。だからお客さんを相手にしたイジリみたいのはすごくうまくなる。

でもテレビみたいな大きなメディアに出るチャンスは少なくて、下積みを7〜8年やって、やっとテレビに出られるくらい。それも5〜6分のネタを1回やって、ほとんどはそれで終わりで先はないんです。それに売れているコメディアンでも大半はレギュラー番組が週に1本だけ。日本みたいに3本も4本も持っている人なんていません。

ところが日本は『M−1グランプリ』（朝日放送・テレビ朝日）を筆頭にいろんな入口があって、毎日のようにお笑い番組をやっています。まだデビューしていなくても事務所に所属できるから、事務所の力で表舞台に立つチャンスも多い。とにかくチャンスがたくさんあるんです。

それだけたくさん露出し続けて、なおかつちゃんと面白いんだから、日本の芸人さんのレベルはめちゃめちゃ高いと思いますよ。

そのトップにいるのがダウンタンです。松本さんがいたから日本のお笑い全体が進化したとも言えるでしょう。だから日本のお笑いは、無理にアメリカの真似なんかしなくても十分に面白いんです。（談）

Dave Spector◉米イリノイ州シカゴ生まれ。上智大学留学で初来日。その後、ＡＢＣ放送の番組の日本特派員として再来日。１９８０年代前半から外国人タレントとして多くのバラエティ番組に出演し、「ダジャレ好きなアメリカ人」として人気を博す。80年代後半から東京を活動拠点に。90年代以降は情報番組のコメンテーターとしての活動が増え、番組内で海外の最新エンタメニュースの紹介を始める。『いつも心にクールギャグを』（幻冬舎）ほか著書多数。

取材・構成／常松裕明

2024年の松本人志

水道橋博士

〈ボク自身がテレビタレントの端くれとして「ダウンタウンとは共演しない」と決めたのは20代の時だった。彼らと同じ時代を同じ場所で過ごせば、結局、ねじ伏せられ白旗を掲げ、心奪われることは明らかだった。〉――。これはかつて水道橋博士が雑誌に寄稿した松本人志論の一節だ。この論考を再掲するとともに、ナンシー関、立川談志らの「松本評」を引きながら、博士が「松本人志」を改めて論じる。

宝島社から、この時期に松本人志氏のお笑い論の本が刊行されると聞いて

『松本人志は夏目漱石である！』（峰尾耕平著／宝島社新書・２０１０年）を彷彿する人は間違いなく、お笑い「論」好きであると思う。

お笑いだけでなく「論」を語る好事家だ。

「お笑い」に「論」を記すことに対して、このジャンルの書物の嚆矢《こうし》たる『日本の喜劇人』（新潮社）等々を著した小林信彦氏は著書の中で「書き手は同時代の観客であるべき」ことを何度も説いている。

それは時代性を共有していなければ、後追いでは「笑い」の本質がとらえにくいことを指摘していると思う（しかし、現代はビデオ録画などでネタと共に客席の反応ごと検証することもできるので、それが正論とは一概には言えなくなったとは思うが……）。

ボク自身はタレントとしてお笑いの演者であると同時に、松本人志氏の芸論を商業誌に記す経験が何度かあり、なかでも雑誌『ＢＲＵＴＵＳ』（２０１０年6月1日号・ブルータス30周年特集 ポップカルチャーの教科書）に寄稿した「『たけしとひとし』〜北野武と松本人志を巡る30年〜」は東西の天才を比較し、お笑い史的分析を加えた論稿であるため、松本氏の笑いについて言及した当該箇所はまず最初に引用しておきたい。

〈（ビートたけしの論稿を経て）お笑い界に「天才」と評される、もうひとつの才能が存在することをボクが知ったのは20年以上も前だ。

それは同世代の松本人志であった。若き日に初めて観たときからダウンタウンというコンビが持つ「笑いの強さ」には畏敬の念すら覚えた。

芸人なら誰しもが同じ舞台に立てば自明のことだが、その潜在能力はケタ違いでありモノが違うということを一瞬にして理解した。かつてナンシー関がダウンタウンを「（お笑いの能力の）地肩が強い」と評していたが、このコンビは客前（カメラ前）の場に於いて場を支配する能力（この人が言えば面白いに決まっているという同調圧力）がお笑いとして強い。

これは同じ客で同じ舞台（競技）を踏んだ芸人なら誰もがわかる皮膚感なのだ。

当時、上京してすぐに日本テレビで始めたレギュラー番組『ガキの使いやあらへんで！』の異次元レベルのフリートーク、そして彼らが90年代に週間単位で作り続けたコント番組のクオリティは今でも後進が凌駕できない高い壁として立ちはだかっているのは厳然たる事実だ。

そして、当然、傑出した才能は若くして天下を獲ることになる。

「たけしとひとし」の共通点とも言える、比類なき「言葉の強度」は、その度、大衆に衝撃を与え支持された。

（ビートたけしの著書は述べ80作を超えている事実のあとに）

一方、松本人志も１９９４年に執筆した『遺書』が２５０万部を突破する記録的なベストセラーを生み出し、味わいのある直筆の挿絵と共に、辛辣な批評眼を持つ「笑いの哲学者」ぶりを世間や同業者に誇示した。

さらにその姿勢は小説家・俳優・歌手・監督など多様なジャンルに進出した北野武とは異なり、テレビでの笑いへの拘りが色濃く伺えた。

北野武と松本人志は時代に流れるお笑いのセンスを特殊な受信機で取り込み、

自らの発想と混ぜ合わせ、それを具現化する能力が尋常ではないのだが、それだけではない。

そのポジションを「何人たりとも奪うことを許さない」という親分たる矜持を持ちヒエラルキーを構成しボス猿として君臨する――それが30年続くところも含めて、そのことこそが「才能」なのだ。

（無論、タモリ、さんま、紳助、志村、とんねるず、鶴瓶などのロングスパンの〝座長芸人〟は、誰もがその〝強さ〟を含有しているわけだが……）

さらに昭和22年の足立区、昭和38年の尼崎と共に東西のいわゆる下町で「貧者の剣」として〝笑い〟を帯刀したその成育史こそが、人気というあやふやなものを長く浮遊させる「装置」となり得たし、本人たちも、その貧しさの出自を隠すことなく身に纏い「装飾」として有効に機能させた。

二人が強烈なカリスマ性を有するのは笑いの中に「面白い＝切ない＝哀愁」が一瞬にして交叉するセンスの通奏低音があるからなのだろう。

さてボク自身がテレビタレントの端くれとして「ダウンタウンとは共演しな

い」と決めたのは20代の時だった。

彼らと同じ時代を同じ場所で過ごせば、結局、ねじ伏せられ白旗を掲げ、心奪われることは明らかだった。

古臭い流儀だが「臣は二君に仕えず」という誓いを立て殿様への忠義を立てる心積もりでテレビ界を過ごしてきた。

二人の関係を巡って忘れられない記事がある。

雑誌『CREA』(1994年5月号)での故・ナンシー関と松本人志の対談だ。そのなかで、ビートたけしと比較された松本人志が発した「僕が一番だと思っている!」という一節を目のあたりにして、すくなからずショックを受けた。

個人的な強い予断だったが、20世紀中に「ビートたけしを超えた!」と名乗りを上げる者が現れるとは思ってもみなかったからだ。

次世代が「ロックは死んだ!」と叫ぶように「ビートは死んだ!」と神をも恐れぬ、その宣言に当時は唸ったものだった。

そして、その3ヶ月後、実際、北野武は死の淵に手をかけた。

東の天才は1994年8月のバイク事故で瀕死の大怪我を負い、芸能界への復帰すら危ぶまれたのだ。

一方、昇龍の勢いであった西の天才・松本人志は1997年9月フジテレビのレギュラー番組『ごっつええ感じ』の特番がプロ野球セ・リーグの優勝決定試合に差し替えられたことに抗議して、その番組を手放した。

（過去、プロ野球とお笑いの価値を比較し世に問うた芸人がいただろうか？）

テレビで「コントを作る」職人的作業を奪われた松本人志はオリジナルビデオ『VISUALBUM』3作品を発表。視覚的才能、聴覚的才能を超える、その類稀な「笑いの彫刻的な才能」を見せつけ他の追随を許さない絶対的な才能証明を果たした。

そして遂に、かつての「テレビでお笑いをやり続ける」宣言を覆して映画に急接近。

2007年に『大日本人』で映画監督デビューした。

丁度、この映画の公開前だった、２００６年末の12月15日。

この日、ボクも「共演しない」宣言を覆して松本人志に急接近し、『人志松本のすべらない話』の収録に参加した。

そして、この打ち上げの席で実質的に初めて言葉を交わさせていただいた。

その夜は酒が入り、また積年の思いもあり「たけしとひとし」という互いに影響を受けていない天才の共通性についてボクは質問が止まらなかった。

「あの時、ナンシー関に聞かれて、どうして『自分が一番』って言い切れたんですか？」と訊くと、

「博士ぇ、俺もアホちゃうから発言の意味はわかっとるよ。でもあの時はああ言わんと大きい壁を崩して前へ進めへんやろう。あれは言うて正解やったわ～」と振り返った。

そして映画に話が及ぶと逆に訊き返された。

「もし、今、映画を撮ってもテレビのように評価されなかったら、どないしたらええんやろうね？」

「松本さん、殿の映画って二作目以降は日本では興行的にも当たらなかったし評価も皆無だったんです。むしろイギリスの評論家のトニー・レインズに評価されて逆輸入されたようなものだったんです」

「それ、どういうこと？」

「例えば絵の評価って誰が値段を決めます？　識者がその価値を決めないと絶対値ってないですよね。映画というジャンルは観客と共にある種の価値基準の計りを持った画廊が必要なんです」

「でもなぁ、仮に今回、思い通りの評価がなかった時はどないする……」と松本人志が呟いた直後に——「次を撮るんや！」「次を撮るんです！」と二人の声が揃ったのは忘れられない経験となった。

その後、北野武は映画監督として更にキャリアを重ね、一方の松本人志も2作目となる『しんぼる』を発表した。

2007年のカンヌ映画祭に、それぞれ招待された二人は異国のホテルの一室で、1997年の雑誌『コマネチ！』での対談以来となる濃密な再会を果たしたという。

その時の記者会見で北野武について聞かれた松本人志は「意識していないと言ったらウソになりますし、リスペクトしています。それだけに勝ちたいと思ってます」と述べた。

その言葉は実に英雄的であり、頂上に居る人の「上」とは、自身を譲らず、作品の「NEXT」にしかないことを思い知った。

さて、日本テレビの土屋敏男氏は、北野武と松本人志の二人は本人たちが望めばエンドレスに続くことが可能なフィルムメーカーである点から「日本のテレビがパトロン」と指摘していたが、まさにその通りだ。

そして、北野武が繰り返し述べている映画の極意とは、「映画って自分の身に着いたことしか出来ない」に尽きる。

その意味では、二人がお笑いという曖昧模糊として弱肉強食の世界、その鑑定を世間に晒し続けるジャンルで、30年にわたって身につけたものが映画に平伏すことが無いのは間違いないことなのだ。

さらに松本人志の表現のサイズが、もはやテレビには収まりきらないことになっているのも一目瞭然だ。
（今は、自らの「画境」を求めて、観客が集う画廊に合う絵のサイズを探しているように見える）――〉（『ＢＲＵＴＵＳ』２０１０年６月１日号）

以上、北野武論を省略して松本人志論のみを切り取ったが、その後10年以上の月日を経ても、この論旨も、松本氏のお笑いの評価や絶対的才能への憧憬は変わらないままだ（現在進行中の名誉毀損裁判案件はさておき）。

お笑いの彫刻的才能

雑誌の発売とともにこの論評は反響を呼び、最大の実績は当時日本テレビのプロデューサーだった土屋敏男氏が直々に我が家にまで来て番組化を直談判され、『たけしとひとし』（日本テレビ）という表題と同じタイトルのまま特番枠

（２０１０年12月10日ＯＮ ＡＩＲ）の番組に結実したことだ。武と人志の共演するバラエティは一種の事件だった（ボクはロケ進行とスタジオでの出演者の一人としてキャスティングされた。残念ながら視聴率は９％台でレギュラー化には至らなかった）。

以降、雑誌の取材やラジオ番組などでも、この分析の話題を振られることが再三であり、初めて松本氏に会った感想は「プロ野球選手がグラウンドで初めてイチローを見たような桁違い感」という表現が、今では「初めて大谷翔平を見たような桁違い感」と時代の変遷で表現が変わっていったが、それも松本氏が「過去の人」ではなく演者としての現役感や〝怪物性〟が現在進行系であることの証明だった。

この論評の中でとくに意識した言葉がいくつかある。

まず「お笑いの彫刻的才能」である。

これは『遺書』（朝日新聞出版）の中で松本氏がお笑いの才能を「視覚的」と「聴覚的」と二分していたことから発想を得た言葉だが、我ながら言い得て妙だと思っている。

松本氏が単に絵がうまいというレベル（小学生の頃は赤塚不二夫の『まんが入門』小学館を読んで漫画家志望だった）ではなく、コントの登場人物に彫像的なキャラクターをつくり込んでいることを指している。

三谷幸喜も絶賛した「トカゲのおっさん」（『ごっつ……』の人気キャラクター一で全16話分あるが後期には番組全体約40分をアドリブで演じ切った）に至っては、おっさんに宿る過去にまで魂を入れ込んでいて、それは江戸時代の宮大工の左甚五郎すら連想させられる（松本氏が実際に左利きであることもボクの夢想を裏付けることなのだが……）。

また松本氏のつくるテレビコントのセットが従来の書き割り的（吉本新喜劇的）なつくり込みではなく、重厚であり奥行きすら感じて見えるのは、このあたりの感覚なのでは？　と思っている（なかにはあえて歪みを意図したり、幾何学模様のキュビズムを連想させるセットすらあった）。

これは喩《たと》えて言えば、松本氏の出現と時期を同じくした「80年代の漫画表現に於ける大友克洋の革命」に似通うと思う。

大友氏の描くクルマやバイクなどのメカ、宇宙船や建築物が2次元のマンガながら正確な3次元展開図ができるほど精緻であったように、松本氏のコント（とくに『VISUALBUM』）のセットやキャラクター、衣装が主に松本氏本人の発想と絵コンテでつくられていたことに共通するのではないだろうか（もちろん、これは赤塚不二夫がかつて漫画のコマの中で数々の画風の実験をしてきたことを踏襲しているのだが）。

「俺の周りにはイエスマンはおらんやろ？」

次に武と人志の両者が「貧者の剣」を帯刀していること。これは日本のコメディアンではカリスマの条件だと思う。

本文に補足して言えば、浜田雅功氏の歌った「チキンライス」や「ああエキセントリック少年ボウイ」などの松本氏の作詞活動は笑いとナンセンスとセンチメンタリズムがクロスする、その真骨頂ではないだろうか。

Tokyo FMでのレギュラーラジオ番組『放送室』（2001〜2009年）における、幼馴染の放送作家である高須光聖氏との幼年時代の貧乏話などは、北野武氏の足立区話（のちに『たけしくん、ハイ！』太田出版として1984年に書籍化、1985年にNHKで銀河ドラマ化して国民的物語になった。古くは志ん生の時代から「びんぼう自慢」に笑いは寄り添うものだ）にも似通い、何度聞いてもその哀愁にはウットリと、そしてニンマリと聞き惚れてしまう。

それもこれも松本氏がバブル絶頂期に天下を取った成り上がりの今太閤である事実と極貧育ちとの対比がより振り幅を際立たせ、氏の金銭感覚の細部に今も残る吝嗇《りんしょく》、節約意識は「セコい！」ということよりも、出自を偲ばせ昭和30年代生まれで誰もが均等に貧乏であった時代を知るボクらには、なんとも共感性が高く懐かしくも実にチャーミングに映る。

『放送室』に敷衍《ふえん》して書き足せば、松本人志が「王」や「司祭」として振る舞わない唯一の番組であったことは記憶にとどめたい。幼稚園の頃から同級生の高須氏に「自分、それは違うで！」と忖度なしで何度もたしなめられる様子は新鮮でもあり、イエスマンではないことを窺わせていたが、ある日、松本氏が「俺の周りにはイエスマンはおらんやろ?」と言うと高須氏が「そうそうそう!」と返すくだりには「尼崎の生んだ喜劇王」の将来を危ぶんだものだ。

普通に生きる環境としては子供には優しくない尼崎で育ち、笑いだけが得意科目だった少年が高須氏の著書のタイトル(『あまりかん。尼崎青春物語』ベストセラーズ)通りに「アマリカン」ドリームを叶えて、斯界の頂点を極めた時から『リア王』ばりの絶頂からの転落の悲劇は内包していたし、本音が炸裂するこの番組では予感もさせていたのだ。

そもそも「喜劇王」を演じた役者の実生活が「悲劇」であることは古今東西に数多ある物語なのだ。

漫才のスタイルを根本的に変えたダウンタウン

武と人志、両者がプレイヤーとしてお笑いを評論されることを疎んだことも、評論家の映画評などにも噛みつくところも英雄的な資質の共通点だと思うが、先に記述した1994年の『CREA』誌で松本氏が「今お笑いの批評ができるのはナンシーさんとみうらじゅんだけ」と具体的に名前を挙げていることも興味深いことだ。

ナンシー関のダウンタウン評は数々あり、すべてが的確で面白いが、短め目のものをひとつだけ挙げておけば——。

〈「松ちゃん（松本人志）をいまさらながら褒めてみる」

私は確かに松ちゃんのファンである。信じているといってもいい。でも褒めるのはちょっとねえ。天才とまで言われている人をいまさら褒めても意味ないだろう。それに、褒めた人に対して「おマエらごときに褒めてもろてもありがたないわい」と悪態つくのが、あるべき松ちゃんの姿であるし。

そういえば、昨年「週刊朝日」の「山藤章二の似顔絵塾」年間大賞で、審査員として松ちゃんと私が呼ばれた。松ちゃんのスケジュールに合わせて、そのあとテレビの録りがあるという砧スタジオの一室で大賞の選考会をすることになっていたのだが、結局松ちゃんは遅刻して来なかった。マネジャーの方とかが平身低頭で謝っていたが、私は「山藤章二をすっぽかしやがった」と、何故かワクワクと心躍る気持ちがしていた。

では、ってこともないが、最近でよかったのは『ごっつええ感じ』の松ちゃん扮する半魚人が「産ませてよ」と言いながら産卵するコントだ。股間から卵まじりの粘着質性半液状態を垂れ流しながら登場。

ティッシュで股間を拭き、しかしそのあとも卵は少量ずつたらたらと流れ出ていたりする。これは、受け取り方に男女差のあるネタだと思う。ま、卵産んだことはないワケだが、女性のほうが感受するネタだと思う。嫌悪を感じるか笑うかは、個人の問題だが。

このネタが、実際に誰の案によるものかは知らないが、私にとっては「松ちゃんぽい」ネタである。狂ったというか、壊れた女の人が出てくるコントは多い。

すべて松ちゃんが演じているし。松ちゃんがゲイだとは思わないが、ノーマルな男は「産卵」をモチーフに笑いを取ろうとは思いつかないような気もする。ま、女でも思いつかないが。〉（『週刊SPA!』1995年3月29日号、『ナンシー関の名言・予言』世界文化社に所蔵）

ボクもこの「産ませてよ」と産卵をせがむ半魚人ネタは「とかげのオッサン」と並ぶ大傑作ウロコキャラであるとの大前提に言えば、ボクが初めて見たダウンタウンの漫才のネタ（1985年頃）も女性の経血を題材にしていたので、お茶の間には決して向かないネタを堂々と披露するのにも驚いた（1986年の元旦、フジテレビの生放送の演芸番組では明治神宮の特設舞台で「男の子がジャックと出会い、天に伸びた豆の木を登っていると……果てる」というネタが大スベリしている様子に、違和感と驚愕で戦慄が走ったことも思い出す）。

みうらじゅん氏はダウンタウンの並外れた才能をイチ早く見抜いており、大阪時代は番組の共演者でもあり、2016年には『ワイドナショー』（フジテレビ）で第18回のみうらじゅん賞も寄贈しているほど一貫して評価している。
また、松本氏から逆指名を受けていないダウンタウン初期の評論を挙げれば、漫画家で演芸評論家の高信太郎氏が1988年出版の『コーシンの風雲芸人帳』（たる出版）の中で「リトマス試験紙ダウンタウン」と題して以下の様に書いている。

〈とうとうこういうものが出てきた。これをどう評価するかである。いってみれば感覚のリトマス試験紙のような不思議なコントなのだ。森にハイキングにきた少年（浜田）は、切り株に座って笛を吹く妖精（松本）に出会う。少年が妖精の前を通り過ぎようとすると、突然わけもなく妖精は怒り出し少年に襲いかかる。それからどうなるかというと、どうもならない。これのくり返しなのだ。オチもなければギャグもなく、なにがなんだかさっぱりわからない。ところがそれが実に面白いのである。いやこの場合はっきりしておかなければいけないな。ぼくにとって面白かったのだ。
ということは当然、逆の気持の人達もいるのだろう。そのせいかもしれない。『お笑いスタ誕』でのこの二人はよく「わかる」つまらない漫才をやっていた。〉

そしてこの後に、高信太郎氏が審査員をつとめるテレビ朝日の『ザ・テレビ演芸』（テレビ朝日）では司会の横山やすし師匠から「チンピラの立ち話」と酷評されることになる（『遺書』では当時を振り返り「オマエの方がチンピラじゃ！」と意趣返しをしているだけでなく、数々のコントで事務所の大先輩であるやすし氏親子への揶揄を続けていた）。

漫才の評価はテーマの奇抜さが注目され（初期の「誘拐」や「あ研究家」などの絶賛ぶり）、正統派漫才師としての評価が少なかったわけだが、1998年から放送された日テレの『ガキの使いやあらへんで！』（日本テレビ）のオープニング、そこでのフリートークでのオチの付け方の変幻自在ぶりを見ても、あらかじめ用意した台本を二人の漫才師が演じるという、漫才そのもののスタイルを根本的に変えてしまったのがダウンタウンだった。

そして長らく二人の間で封印していた漫才だったが、2022年4月3日、なんばグランド花月で開催された吉本興業110周年特別公演「伝説の一日」では、31年ぶりにセンターマイクの前で漫才を演じてみせた。

当日の全出演者がソデから見つめていたこの漫才の出来の見事さは、天才なら事前に一度もネタ合わせをしないままでも純然なる高度な新ネタができることを証明したことで、文字通りの「伝説」となった。

ダウンタウンを絶賛していた立川談志

さて、ダウンタウンの出現、そして上京後、瞬く間にテレビで大化けしたことを関東芸人はどうとらえていたか？　関東演芸界の重鎮でありご意見番・立川談志師匠は生前、講談社の『談志百選』（2000年）の中でダウンタウンに触れている（初出は『週刊現代』1998年8月21日・28日合併号）。

この『談志百選』に選ばれているのは往年の大師匠が多いのだが、ダウンタウンは爆笑問題に次いで年少の人選になっている。まず最初に――。

〈家元、ダウンタウンを見損なっていた。「見損なう」とは己の知る見る眼力（め）が間違っていた、ということだ。〉

――と始まる。途中、テレビで売れていることは知っていたが関心がもともとなかったことを吐露してから、師匠のダウンタウンへの絶賛が始まる。

〈けど、関心がなかった。理由はTVに出てくる「お笑い整理業、つまり仕切り屋」の一組であり、チョイと見たら、小汚え、小生意気な、やり方が、「東京という大田舎に集っている低能の若者に受けているのだろうから」と見向きもしなかった。

ところがアニはからんや、さに非ズ、ふとTVを見て驚いた。「いいのだ」。家元の鑑賞に充分堪える。この頁に書きたくなったのだから……。どう褒めるのか、どう説明するのか、家元物事フィーリングで処理するから文章とてもその通り。で、その通り感じたままを書く。松本のスタイル、行動の全てに照れが漲《みなぎ》る。家元照れない奴ァ嫌だ。バカなんだ、バカぁ照れない。

で、松本人志相棒に何かいう。その〝何か〟とは、非常に抽象的な文句（フレーズ）であり、その言葉はアドリブなのだろうが、問題提起になり得る文句でもある。

それをいきなりぶっつけられた浜田は正常人と同じレベルで疑問を返す。「ワからねえよ……」この会話のキャッチボールに使う「間」、ふと天外（渋谷）と寛美（藤山）の間を思ったっけ。この〝待ちの間〟。現代、これが出来る奴にぶつかるとは思わなかった。見事なまでの漫才の間なのだ。いつごろからこの二人に、この間が出来上がったのかしら……。観客と相棒に投げ放った言葉、受けた相手はとまどい、それを疑問と共に投げ返してくる。で、まだ、それを説明する内容、つまり松本の言葉と解釈はカリスマ性を持っている。けど、まだ若い、その答えは説明になってない未解決だ。だがいい、当人も解決していないことを知っている。結果、「俺ァ、ダメェー」と己れを放り出し、ピエロとなって客に「許してくれ」と優越感をあたえて終わる。

　何せ家元、初めてダウンタウンをそれも二十分ぐらい見ただけなのだ……けど、当たっていると思う。何せ家元、芸を、人間を観る目だけは持っている。ナニ、見損なうくせに……。

　松本人志、己れの才能を持てあまし、その才能を分解出来ず、駄々アこね、喧嘩ぁ売り、すねて、甘えて、〝勝手にしろ〟と居直り、それに悔い、何で説明出来ないのか、分解出来ないのか、とそれがどこか心の隅にいつもあり、それを女か、酒で逃げているのではなかろうか。つまり、勝手だが（今更、いうにやあ及ばない）己れの若き日が蘇ってくるのだ。松本を楽しむ若き観客、けっして馬鹿ではなかった。何処かでこの現代に生きる不安の頼りを松本に託して安定しようとしていて、それらは歌手やタレントに身をまかせるのとチト内容は違ってくる。いえ大いに違う。ズバリいやあ教祖となっているのだろう。それは、そのまま、現代の教育システムの間違いと繋がり、一番大切な社会問題であるのだが、大人はこれが判っていない。

云ってもムダだろう。あとは成り行き、滅びるのを眺めるしか手段はあるまい。ま、人間の、日本人のきめられたプログラムであろうし……。今更もうどうしようもない、つまり〝駄目エーッ〟。

ダウンタウンに救いを求めている若者達にもどうにもなるまい。けど、何とか、いくらか、生きることの延命になるのか……。松本人志いい相棒に恵まれた。駄々の子泳がせ、対等に遊んでやっている浜田、漫才で対等という間柄も珍しい。どこかでコンビというものは差が生じ、それをお互い認めているのだろうがムズカシイ。

それを救っているこの二人は、TVという金の取れるメディアで稼いではいるが（昔はTVは芸人にとって稼ぎ場ではなかった）、漫才以外の才能で互いにそれぞれの才能の成功があったのだろう……。

二ぁ人（ふたり）、それぞれが、別のジャンルで成功している者が組んだ漫才、これは家元と前田武彦が初めであり、その延長を『パペポ』という上岡と鶴瓶に受け継がれているスタイルを、逆にしたのがこのコンビである。〉

と慧眼すぎる芸の見立てで、この時点でコンビの未来を正確に予測していて驚く。

「キツい」というダウンタウン的価値観

それでは、現代の若手芸人への松本人志の影響はどうだろうか？

先日、松本人志氏をトークテーマにしたライブを共にした現在30歳の東京大学法学部卒の芸人・大島育宙《やすおき》（チョメチョメクラブ）に聞けば、「驚くほど少ない！」と答えたのはまったく想定外だった。

大島氏がSNSで説いていた「映画『大日本人』制作時期＝筋肉肥大＝自我

肥大の時期一致説」は実に傾聴に値する説であり、今回の醜聞により、今や最も注目すべき仮説とも言えるのだ（大島氏のSNSにはかなりの分量の考察がまとまっているので参照してほしい）。

そして大島氏によれば、松本氏のコンテンツが今、最前線の若手芸人に継承されているとは言えないとのこと。とくにシュールの殿堂とも言える、ビデオ作品『頭頭《とうず》』（1993年）も「コント以上映画未満」とも言える大傑作オリジナルコント集『VISUALBUM』（2003年）などが若手芸人に顧みられることもほとんどないとのこと。

これはボクにとっては意外でしかなかったし、NSC1期生のダウンタウンが従来の徒弟制度の芸界の掟を壊して、「新しい学校のリーダーズ」としてつくってきた新しい女遊びのルールが、あれほど継承されているのに！　と皮肉さえ言いたくなる。

さて、テレビ司会者としても大物となったダウンタウンだが、コントの物語では起承転結を無視したかのような技法でシュールな展開をよしとするわけだが、司会における伏線回収力は松本氏の特徴的な話法だ。

今でもトーク番組で出演者の放つ固有名詞はすべて記憶しているのかと思うほど、時間差の被せやツッコミを得意としている。

ダウンタウンの傑作コント「経て」（2001年放送『ものごっつええ感じスペシャル』）を思い出すほど、自分を含めた周囲の行動確認を怠ることがない。

今ではトークの技法として伝承されてはいるが、松本氏以外がやるとむしろあざとく感じられるのは、それが松本氏を「経て」の笑いの流儀になったからだと思われる。

現在、松本氏は周知の通り『週刊文春』を名誉毀損で訴えた裁判を控えて、テレビ出演を自粛中ではあるが、松本ファンの間では「週刊文春排斥運動」なるものまで起こっている。

それがあまりにナンセンスであることは、ボク自身がジャーナリスティックな観点で「松本不利説」を『週刊文春』に寄稿している。

が、ここでは再びナンシー関の言葉を引きたいと思う。

〈しかし、それには「みんなも薄々そう思っている」という絶対条件がつく。が、ダウンタウンの場合、その絶対条件を無視する場合が往々にしてあるのだ。貴花田と柔ちゃんは、それぞれ時期的に「全国民の絶対的好意」を取りつけている最中であり、加えて優勝や銀メダルといった「実」をも備えているのだから、言ってみれば「王様は裸ではない」状態に十分あったのである。しかし、それをも「裸である」と言ってしまうのがダウンタウンのすごいところだ。いや、言ってしまうことは誰にでもできるのである。彼らには「裸」に見えているというのが真のすごさであると言い直そう。

彼らがよく使う「キツい」もしくは「キッツい」という大阪弁は、彼らのものを見る基準値である。貴花田も柔ちゃんも、彼らのものさしで測れば「キツい」のゾーンに入っていたのだ。このものさしの設定位置こそ、俗に「感性」などと呼ばれる生来の能力なのだろう。ダウンタウンの設定位置は、高い。飛び抜けて高いと思う。それは、彼らから感じられる「(お笑い能力の)地肩の強さ」の根拠でもある。そして、この「地肩の強さ」が、お笑いの全てだと私は思う。

「掛け合い」や「間」のテクニックによる「上手い漫才」の絶妙や「あるあるある」で共感の確認をするだけみたいなお笑いに、もう魅力はない。

ダウンタウンが「ごっつええ感じ」でたまにやる「おかんコント」というのがある。母親（おかん）の「キッさ」を描いた超傑作であるが、コントとしては欠陥品だ。第一にオチがない。しかし猛烈におもしろいことは確かだ。

自分の中にある対象物（ここでは〝おかん〟）への「キッさ」（違和感）を再生して見せているだけなのだ。志村けんの「ヘンなおじさん」も、本来はこの種のネタであり、あのおじさんはもっとドロドロとした本物の変態性によって「お笑い」となるべきだったと思うが、志村けんはテクニックによってそれをああいう「型」へ変換したのだと思う。でも、ダウンタウンは変換せず、再生する。それが自分たちの地肩の強さを最も見せつけられる方法であることに、気づいていないかもしれないけど。〉（『何をいまさら』世界文化社・1993年）

この言葉通りにとれば、松本氏が名誉毀損で裁判を争うことも、そして「松ちゃんをもう一度お茶の間へ！」と言って支援運動をしている人がダウンタウン的ものさしで言えば、いかに「キッツい‼」か。そして、この違和感を忖度なしに「裸の王様」と指摘してあげるのが松本ファンらしいことではないだろうか。（きっちりと被害者に魂の入った謝罪と保証さえすれば）松本氏をこれからも見続けることはテレビ以外であれば簡単なことなのだから。

お笑いとはマゾが主導権を握るＳＭプレイである

また特筆すれば、松本氏が今後、映画を撮ることも可能だ。

２０２３年の段階では松本氏本人が映画監督を続けることに否定的ではあるのだが、映画監督デビュー以前にボクはこのように書いている――。

〈現在の松本氏の仕事の流れを見ても、必然的に映画初監督への待望論は強い。

その一方で、巷には「松本人志過大評価説」というものも確かに存在するが、俺に言わせればむしろ逆である。松本氏がテレビの司会業で見せる、瞬発力、聴覚的な笑い以上に、絵画的広がりを持つ稀有な笑いの才能の埋蔵量は、まだその全貌を露にしているとは言い難い。

今までの一連のテレビのコントや、ビデオシリーズの『VISUALBUM』（その全体を流れる造形イメージは日本人離れしていて、まるでクストリッツァ監督の作品を彷彿とさせる）を見ても、むしろ映像作家として過少にしか評価されていないとさえ思えるものだ（また、多くのコントに散見され、『ああエキセントリック少年ボウイ』など本人作詞の曲にも見える、頭の中で画像化された、ペーソスと笑いが多義的に絶妙に同居するスタイルも映像作家の才を物語る）。

もし過大と言うならば、本人をして迷いなく映画へ向かえるように、観客はもっと過剰に松本氏の才能に〝迎え手〟が出来ないものか？　と思うほどだ。

最近、ラジオ番組『放送室』の中で松本氏は、

「今、喫茶店のシーンみたいのを今のうちに、1シーン撮っておこうかな。例えば10年後、20年後に映画を撮るときに、そのシーンを入れる。ソフトをそれ一個押さえとくだけでモノ凄く広がるでしょ。『いつから、これ撮ってたんや？』って。特殊メイクの若さじゃない若さがちゃんとそこに出る。どんな映画を撮るかも分からないのに、どんなセリフを言えばいいのか、分からないけど(笑)。とりあえず、使い勝手のあるシーンを何個か、この38歳のうちに抑えておこうと思ってる」と語っていた。

たぶん、松本氏の監督作品の映画は潜在的にも、既に始動しているのであろう。

また、この本のなかで松本氏は、「(見ていないけど)宮崎駿という監督は僕とは違うところの位置にいる人やと思っているから、誰がなんと言おうと嫌いなんです」と語っている。あまりにも直感的発言ではある。

しかし、そう言えば殿も「オイラの映像センスと一番遠いのは『岩井俊二映画にはセンスがある』とかいってるやつだ」と俺に語ったことがある。

しかし、このお笑い界の2大巨匠の映画へのセンスの共有があるとすれば、それは、自分を〝唯一無比〟と思える〝内なる確信〟である。

俺は、その確信の存在が中途半端でない、ホンモノの「映画」を生むのだと思う。〉（『日経エンタテインメント！』2002年5月号）

ちなみにボクはその後、『大日本人』から4本撮られた松本映画のフィルモグラフィー全体のファンであり、新作のほとんどは公開日の初日に観に行っている。

興行も世評も悪かった『R100』も圧倒的に支持している。

2013年10月5日にユナイテッド・シネマとしまえんに初日に一人で観に行ったのだが、ボクの日記にはこう書いている。


〈「お笑いとはマゾが主導権を握るSMプレイである」——。

この構造を如実にスタイルにしたのがダウンタウンであり、さらに「ドM」

「ドS」と日常に潜むSMの振り幅をテレビ発の一般用語として流布したのは松本人志さんだ。

この映画も「お笑い＝SM」のテーマは明確。そして映画監督は本来Sの職業だ。

にもかかわらず『R100』が100歳縛りだけでなく、100分縛り（！）であることを含めさまざまな縛りを自ら強要する監督のM志向は徹底している。

さらに、このバカぶりを一般公開する映画のポジションそのものが世間及びに世界に対してM側（ボケ側＝バカ側）でありツッコミ待ちを前提としている。

あまりにもバカ丸出しが屹立する、監督の個「性」映画で素晴らしい。

その後、松本氏と番組でお会いした時、『R100』の話になった。

「松本さん、R100の意味付けはたくさんありますが、まさか松本さんのエンタメの持論をぶつけているとは気が付きませんでした？」「どういうこと？」

「いや、あの映画はちょうど100分です。『エンタメは100分以内』っていつも仰っていたから、そこまで掛けて実証したのはなかなか気が付きませんよ」

松本氏はボクをじっと見つめてこう言った。

「博士、それは深読みしすぎやわ！」と。〉

紙数が尽きたので、最後に『たけしとひとし』の話をもう一度——。

2023年12月、「17年ぶり」と話題になったフジテレビの『まつもtoなかい』で実現した二人の天才の共演だが、互いに遠慮がちで「さんづけ」の敬語で接する波乱のない展開が続くなか、松本氏の最も興味深い一言は——。

「たけしさんに対して僕のコンプレックスがあるのは、いい意味ですけどね、(ボクには)スキャンダルがないんですよ。たけしさんってスキャンダルがしっかりあるじゃないですか」

この時点で松本氏が自分の未来を知っていたのかどうかはわからないが、その後の裁判にまで至る大スペクタルの大スキャンダルは、この時のセリフの見事な伏線回収であった。

そして松本氏なら自分の運命をすべて受け入れ最後に言うべき言葉は――。

「これでいいのだ。」だと思いたい。

すいどうばし・はかせ●1962年、岡山県生まれ。お笑い芸人。86年、ビートたけしに弟子入りし、翌87年に玉袋筋太郎と浅草キッドを結成。2004年、浅草キッド名義で著した『お笑い男の星座2 私情最強編』（文藝春秋）が大宅壮一ノンフィクション賞にノミネートされる。22年の参議院議員選挙に立候補し当選するも、23年1月に辞職。『藝人春秋』『藝人春秋2（上下巻）』（ともに文藝春秋）、『はかせのはなし』（KADOKAWA）など著書多数。

NSC1期生という特殊性と吉本興業の戦略

影山貴彦（同志社女子大学メディア創造学科教授）

同志社女子大学のメディア創造学科教授として「メディアエンターテインメント論」を研究する影山貴彦氏。かつては大阪のMBS（毎日放送）のテレビ・ラジオ番組プロデューサーであり、最も古いお笑い賞レースの一つ、「上方漫才大賞」の審査員を長年務めていたこともある。そんなお笑いを深く知る影山氏が、エンタメ研究者の視点からダウンタウンと松本人志について考察する。

最初にダウンタウンのことを意識したのは、大学を卒業してMBSへ入社したあとのことでした。テレビ編成部に配属されてからしばらくした頃に、バラエティ番組『4時ですよ〜だ』の企画が吉本興業から持ち込まれたのです。

関西圏以外の人はあまりご存じないかもしれませんが、この『4時ですよ〜だ』の前後でダウンタウンに対する世間の評価は大きく変わりました。僕の記憶が間違っていなければ、吉本興業はこの番組の企画をまずMBSへ持ってきた。この当時、関西にある各テレビ局のなかでも、とりわけ吉本興業と関係性が深かったのがMBSだったのです。

そして『4時ですよ〜だ』を放送するのかしないのかという、今にして思えば〝歴史的転換点〟とも言えるような編成会議が開かれ、僕はその末席に座っていました。

のちに社長になる柳瀬璋《あきら》局長（当時）など一部のMBSの上層部の人たちは、「いくら女子中高生に人気のあるダウンタウンといっても、わざわざ彼らを見るために夕方4時に家へ帰ってくるわけがない」と放送に反対の様子でした。これについては浜田雅功さんも自著のなかで、「夕方の4時からの放送なんて誰が見るねんと思った」と告白しています。

ＭＢＳとしては「吉本興業のやりたいことはわかるけれど、断ろう」という空気が強かったように覚えています。しかしその時、柳瀬局長が信頼を置いていた当時の局次長が「ダウンタウンがどんなものかはわからないですけど、なんか面白そうじゃないですか。やってみましょうよ」と言い出し、そこから流れが変わりました。この言葉がなかったら、ＭＢＳは『4時ですよ〜だ』を放送していなかったと思います。

吉本興業としては、ＭＢＳがダメでもＡＢＣ（朝日放送）や関西テレビ、読売テレビなどへ話を持っていけば、どこかの局で放送されると思っていたのでしょう。つまり、〝ＭＢＳの『4時ですよ〜だ』〟が生まれていなかった可能性はあったわけです。ちなみに、「どないになるかわからへんのやから、吉本興業に払う分は叩くだけ叩いたれ」ということで、びっくりするぐらいの低予算で放送は始まりました（『4時ですよ〜だ』の企画発案者の一人でダウンタウンのマネジャーでもあった大﨑洋氏は、当時ＭＢＳから受け取った制作費が、1時間の生中継番組一本あたり80万円だったとしている）。

吉本興業としては、当時、ダウンタウンなど吉本興業の若手が出演していた心斎橋筋2丁目劇場（1986年にオープンした若手を中心とした劇場で、『4時ですよ〜だ』の放送会場にもなった）の盛況ぶりから「成功できる」という計算はあったのでしょう。しかし、それ以上に「NSC（1982年に開設された吉本興業の養成所で、正式名称は吉本総合芸能学院）の1期生たちを売り出したい」という思いが強くあったはずです。

その1期生のなかでもダウンタウンは人気、才能ともに特別でした。だから「成功するにちがいない」というよりも、「絶対に失敗できない」という吉本興業としての事情があった。その鬼気迫る思いがMBSに通じて放送が実現したというところもきっとあったでしょう。

視聴率に関しては、最初は1〜3%程度とかなり苦労しました。しかし、夏休みなど長期の休みになると、当時の中高生はちゃんと家にいましたから10%を超える視聴率に。それからは平日でも平均7〜8%の視聴率を取るようになりました。

ただし、放送マンとして至近距離にいたから言えることですが、当時のダウンタウンは「世代を超えて大人気」というわけではなく、あくまでも中高生、それも女子中高生に圧倒的な人気があるアイドル的な存在でした。もちろんダウンタウンの芸はすごいのですが、出てきただけでワーキャー言われる存在だったのです。

心斎橋筋2丁目劇場ではダウンタウンが登場するだけで、話す前からキャーキャー言われてまともにしゃべることもできない。二人もそんな状況を嫌がっていたほどです。だから全世代に支持されるようになったのは、もうちょっとあとのこと。東京に行ってからととらえたほうがいいでしょう。

『4時ですよ～だ』の成功を受けて関西テレビでは清水圭と和泉修を起用した『素敵！ＫＥＩ－ＳＨＵ５』（関西テレビ、1987年）の放送が、読売テレビでも森脇健児と山田雅人の『ざまぁＫＡＮＫＡＮ！』（読売テレビ、1988年）の放送が開始。関西の夕方のテレビで、若者を対象としたバラエティ番組が火花を散らすことになりました。

「NSC1期生」という特殊性が時代を変えた

正直なことを言えば、僕は圧倒的に明石家さんまさんの信奉者でした。さんまさんも出演し人気を博していた『MBSヤングタウン』（MBSラジオ）に携わりたくてMBSへ入社したようなところがあった。だからダウンタウンに関してはすごく客観的に見ている部分があるわけです。これに関しては当時もそうでしたし、今も基本的には変わっていません。もちろんダウンタウンのことは面白いと思っていますが、「ダウンタウンのファン」だと自認したことは一度もありません。僕はダウンタウンよりも1つ年上の1962年生まれですが、ビートたけしさんやタモリさん、そしてさんまさんのいわゆる「ビッグ3」のほうに憧れがありました。

ビッグ3と比べたときに、ダウンタウンが人気者になった理由は学校形式で芸人を育てるNSC出身だったことが大きかったと思います。NSCを卒業して芸人になったとき、その存在の前提に師匠はいません。そこがNSC出身芸人の大きな特徴でしょう。

新人時代、ダウンタウンの礼儀作法は先輩芸人たちに比べて十分でなかったかもしれません。横山やすしさんが二人の漫才を見て「あんたらのは漫才やない。チンピラの立ち話や」と酷評した有名なエピソードがありますが、これも師匠から基本的な立ち居振る舞いの指導などを受けていないことの影響があったはずです。しかし逆に言えば、師匠の目を気にすることがなかったからこそ伸び伸びと自分たちの漫才をして、個性を出すことができたという面もあった。この点がそれまでの芸人さんたちとは大きく異なります。

ダウンタウンの笑いの一番の特徴は、ものすごく鋭角的な点です。ダウンタウン以前のお笑いは比較的リラックスしながら楽しむものが多かった。タモリさんも出始めの頃はアングラな雰囲気を醸し出し、たけしさんやさんまさんも際どいことを言ってはいましたが、それでもテレビで披露される話芸は基本的に幅広い層から受け入れられることを前提としていました。

しかしダウンタウンの場合、「この二人はこれから何をしゃべるんだろう、何をするんだろう」という予測不能なところがある。最大のファンである若い人たちにとっては、劇場へ足を運んでも、テレビを通して楽しんでいたとしても、鋭い刃物で切りつけてくるみたいなドキドキ感があったはずです。いくらか大袈裟な言い方をすると、見る側は常に緊張を強いられていた。

それが若い子たちには大いなる魅力だったでしょうし、女子中高生にとってはセクシーさとして映ったのでしょう。昔ながらのお笑い芸人のように、お客さん本位で「どうぞ笑ってください」というような、〝もっちゃり〟としたところがダウンタウンの二人は見られませんでした。

さんまさんもアイドル的な要素のある芸人でしたが、老若男女みなさんのアイドルであり、広い層に向けて温かい笑いを届けるのが基本です。それは今も変わりません。しかしダウンタウンの場合は、差別というと語弊がありますが、受け取り手を選別するというか、「わかるヤツだけわかればいい」「ついてこれるヤツだけついてこい」というような一種の恰好よさ、潔さがある。それは

『4時ですよ〜だ』の頃もそうでしたし、東京に進出してからも、そして今もなお、二人にはその思いがあるのかもしれません。

吉本興業が目論んだ長期戦略のキーマン

そのような尖ったスタイルに惹かれて若いファンがついてくるようになったのか、それとも若いファンからワーキャー言われる状況があったから好き勝手に尖った笑いを演じることができたのか——。そこはニワトリが先かタマゴが先かの議論で、明確にはわかりません。いずれにせよ、女子中高生たちが感覚的なところでまずファンになってそこから人気の波が広がっていった。これはダウンタウンに限った話ではなく、人気に火を点けるのはまず若い女性です。そこからにいちゃんやおっちゃん、おばちゃんがついてくるというのはブームになる一つのパターンであり、ダウンタウンも同じパターンをたどり人気スターになりました。

同じＮＳＣの１期生にはトミーズやハイヒールもいましたが、ダウンタウンは彼らとも違っていました。

トミーズ雅さんはちょっと強面だったりして、デビュー当初は尖っている部分がありました。しかし、「トミーズ」というコンビ名は二人が私淑していた当時のマネジャーで吉本興業社員の富井善晴さんという人の苗字から取ったものです。ＮＳＣ生ということで師匠はいなかったものの、彼らは世話になった人をしっかりと意識してコンビ名に反映している。雅さんは元プロボクサーで体育会系ですから上下関係の部分もきっちりしていて、その意味でトミーズはＮＳＣ１期生であると同時に、若い頃から昔ながらの芸人の匂いがしていました。漫才のパターンも割とベタな正統派漫才です。

ハイヒールはモモコさんが元暴走族のスケバン風ということで、デビュー当初は紳助・竜介のようなツッパリ漫才をやっていました。「ヤンキーだけどちょっとかわいくて色っぽいおネエちゃん」という部分での新しさがあった。その当時の女性漫才師というと今いくよ・くるよさん、若井小づえ・みどりさん、その前だとちゃっきり娘さん、かしまし娘さんのように、いかにも芸人然としていたわけですがハイヒールの場合はそこに身近な女性としての魅力が加わっていた。そういった面も人気を博した理由だと思います。

このようにダウンタウンとトミーズ、ハイヒールは三者三様の個性があったわけですが、当時の吉本興業の関係者から聞く話によると、「NSCの1期生は絶対に成功させるんや」ということでこの3組を〝パッケージ〟として考えていたようです。そこにはやはり、NSCをきちんと事業化したいという思いがあったでしょうし、吉本興業の将来的な成功という金勘定の部分もあったのでしょう。

ダウンタウンが人気芸人になったのは才能があったという部分は大きいのですが、そこにプラスして吉本興業の長期的な戦略としての後押しがあったのは間違いないと思います。

明石家さんまだけでは東京で「弾切れ」になる

『ＴＨＥ　ＭＡＮＺＡＩ』（フジテレビ）の漫才ブームの頃と相前後して、大阪の会社だった吉本興業は東京のマンションの一室に事務所を構えました。

漫才ブームのあとも、さんまさんや島田紳助さんが出演した『オレたちひょうきん族』が当たった。これをきっかけにして吉本興業は東京での活動を広げていこうというときに、さんまさんが主演を務めた『男女７人夏物語』（ＴＢＳ、１９８６年）が大ヒット。翌年には続編の『男女７人秋物語』も放送され人気を博しましたが、ダウンタウンの『４時ですよ〜だ』が始まったのは奇しくも『男女７人秋物語』と同じ１９８７年です。そして『４時ですよ〜だ』の第１回のゲストもさんまさんでした。

さんまさんとダウンタウン、とくに松本さんとは特別仲がいいとは言われていませんが、さんまさんのつくった道筋をダウンタウンに行かせるんだというか、「『4時ですよ〜だ』をうまく成功させて東京へ持って行くぞ」という思いを、吉本興業は強く持っていたと思います。さんまさんだけだと東京で弾切れになりかねないですから。そうならないようダウンタウンを持って行ったということだと思います。

MBSで『4時ですよ〜だ』が放送されたのは、わずか2年半です。松本さんが本気で泣いたのはあとにも先にもこの番組の最終回の時だけだとも言われていて、「大阪で天下を取ったんだから自分たちは東京へ行きたくなかった」「なんで東京まで行かなあかんねん」みたいな思いがあったと言われています。

ともかく、東京進出についてはダウンタウン二人の思いよりも吉本興業の考えが大きかったのは確かでしょう。吉本興業がこれからさらに大きくなる上で、5年後、10年後まで見据えた戦略としての「ダウンタウンの東京進出」だった。吉本興業は「その場かぎりで何も考えてませんわ」と言うかもしれませんが、その裏側にはしっかりとした計算があったように思います。

ダウンタウンは1989年に本格的な東京進出を果たすと、その前から放送が始まっていた『夢で逢えたら』（フジテレビ）に続いて、『ダウンタウンのガキの使いやあらへんで！』（日本テレビ）の放送が開始されます。１９９１年にはゴールデン帯での冠レギュラー番組『ダウンタウンのごっつええ感じ』（フジテレビ）が始まり、人気と知名度が全国区にまで広がっていきました。

吉本の戦略的〝松本カリスマ化〟計画

そうしたなか、松本さん個人の大きなターニングポイントとなったのが１９９３年から『週刊朝日』で始まったコラム連載です。どこかで聞いたのか、あるいは活字になったものを読んだのか記憶が定かでありませんが、このコラム連載については吉本興業サイドが「松本人志に何かを書かせたい」「それもいちばん権威のあるところに書かせたい」という考えでブッキングした仕事だったという話です。『週刊朝日』は昨年、休刊になってしまいましたが、当時の朝日ブランドは知的かつ先進的なイメージが強くありました。

連載コラムのタイトルは「オフオフ・ダウンタウン」。これは1992年からTBS系で放送されていた『生生生生ダウンタウン』（TBS）のタイトルを想起させます。そしてコラム連載が『遺書』『松本』のタイトルで単行本化されると、それぞれ200万部超の大ベストセラーとなりました。

このヒットが朝日新聞の手柄なのか別の誰かの手柄かはわかりませんが、ともかくコラムの連載は吉本興業の戦略の一環だったと思います。この活字での成功によって松本さんがカリスマ化していくのが1990年代半ばのこと。松本さん自身が望んでカリスマになったというよりは、吉本興業がブランディングしてカリスマ化の方向へ持っていった——。そのように思うのは、僕が松本さんのファンではなく松本さんを俯瞰で見てきたからかもしれません。松本人志という人はたしかに天才だと思いますが、その天才を天才たらしめたのは吉本興業の確信的戦略が大きかったのだと思います。

「僕はたけしさんほど映画が好きじゃなかった」

ダウンタウンのコンビとしての芸と松本さん一人の芸を比べると、松本さん一人のときのほうは非常にナイーブだと思います。性格的にもナイーブで、仕事で相対したときにも目線が合うまでは時間がかかるというのは業界内で有名な話です。それとは逆に、浜田さんのほうは渉外担当というか外交的な性格。これまでに数多くの漫才コンビと仕事をしましたが、ダウンタウン同様に性格の部分でのコントラストが面白いぐらいにはっきりと分かれているコンビは多いと感じます。

松本さんはすごく内省的で、浜田さんは感情がすごく外に出る。松本さんは非常に几帳面で、一方の浜田さんは割とズボラだとも聞きます。そうした性格の違いもあってのことでしょう、ダウンタウン二人が揃ったときと松本さんと浜田さんが別々のときでは、後者のほうがそれぞれのキャラクターがより強調されている。松本さん一人のほうがよりナイーブさみたいなものが出ているような気はします。それでいて司会もハイレベルでこなすのだからなかなか珍しい存在だと言えますが、それも能力の高さがあってのことなのでしょう。

あと、これは僕の主観の域を出ないのですが、松本さんはたけしさんへの憧れがものすごくあったように思います。たけしさんのように映画監督としても大成功を収めたかったのではないでしょうか。２０２３年12月、『まつもtoなかい』（フジテレビ）にたけしさんがゲストで出たとき、松本さんは「僕はたけしさんほど映画が好きじゃなかった」と発言した。これを聞いたとき、「ある種の強がりでは？」と感じました。

松本さんらしいと言えばその通りかもしれませんが、本来であれば「僕は映画監督としての才能が、たけしさんほどではなかった」と言うのがより本音に近いのかもしれません。しかしそう言わないのは松本さんのプライドの高さであり、そうしたところも松本さんらしく、人間臭くていい。ですが過去に映画評論もけっこうやっておきながら、「映画が好きじゃなかった」と言うのは、少し逃げたかなというふうにも感じられました。

松本復帰はエンタメ業界にとってマイナス!?

松本さんが現在の芸能活動休止から復帰するのは、日本の芸能界やお笑い界にとってプラスなのかマイナスなのか？　僕としては、松本さんが報じられたようなことをやったとかやってないということとは関係なく、また今後の裁判の結果がどうなったとしても、復帰することは芸能界やお笑い界にとってマイナス面が大きいように思います。

僕は常々、「お笑いに限らずどんなジャンルでも、エンターテイメントには新陳代謝が必要だ」と言っています。そう考えたとき、いまだにビッグ3が通用している状況のお笑い界は新陳代謝があまり進んでいるとは言えない。

ですからきっかけがなんであれ、松本さんが引退することになれば、お笑い界の活性化と若返りが進むはずです。その意味で、引退はプラスの面が大きいように思います。もし松本さんがカムバックすれば、これまでと同レベルかどうかはともかく、一定以上の影響力は維持することになるでしょう。しかし、革新的かつ鋭角的だったはずの松本さんがお笑い界の保守本流にとどまり続けることよりも、松本さんが引退して新たな人材が生まれてくることのほうが、お笑い界全体にとっては健全だと僕は思います。

大学の教え子に聞いてみても、ダウンタウンに対しては「過去の人」という印象があるようです。少なくとも漫才やコントを演じるプレイヤーとしてのイメージはほとんどなく、MCをする人ととらえています。

大学の授業でも言っていることなのですが、現代のお笑い芸人の成功の形は「自分たちは本芸をしない」こと。他の誰かが何かをしたことについてスタジオであれこれコメントをするのが芸人としての「上がり」の状態になっています。教え子たちは、その上がりの状態になってからのダウンタウンしか見ていませんから、余計にお笑い芸人だという意識が薄いのかもしれません。

ダウンタウンの次の世代を担う芸人は誰か。改めて言うのは恥ずかしいぐらいですが、バカリズムさんの才能は素晴らしいと思います。松本さんの代役に立った『ＩＰＰＯＮグランプリ』でも見事な仕切りを見せていました。脚本家の方向へ行くのかと思っていましたが、バラエティ番組のＭＣという形でもしっかり活躍するだけの素地がある。そうしたことからバカリズムさんはアタマ一つ抜け出しているように思います。

もう少し若い人の名前も挙げたいところなのですが、残念ながらタモリさん、たけしさん、さんまさんといったクラスにまで手の届く芸人となるとどうでしょう。

今の若い人たちは――それは芸人に限った話ではなく、大学の教え子たちを見ていてもそうなのですが――いろんな意味で賢いです。賢いからこそ、他人を押しのけてでも前に出て行くだけの突き抜けた感じがないように見えて、その意味で次世代のトップに立つには少し物足りなさを感じてしまう。ただそれも時代の流れなのでしょうが。

（談）

影山貴彦　NSC1期生という特殊性と吉本興業の戦略

かげやま・たかひこ◎1962年、岡山県生まれ。コラムニスト、同志社女子大学教授。早稲田大学政治経済学部卒。86年4月にMBS(毎日放送)に入社し、テレビ・ラジオ番組の制作に従事。2002年から同志社女子大学に勤務し、「メディアエンターテインメント論」を研究。著書に『テレビのゆくえ：メディアエンターテインメントの流儀』(世界思想社)、『テレビドラマでわかる平成社会風俗史』(実業之日本社)ほか多数。

取材・構成／早川満

過去も他者も関係ない「自分は面白い」という確信

西条 昇（お笑い評論家、江戸川大学メディアコミュニケーション学部教授）

ダウンタウンはお笑いの様々なジャンルにおいて革新的なスタイルを打ちしたという点で、音楽界におけるザ・ビートルズにも通じるところがある——。そう指摘するのは、長年にわたり「笑芸」に関する研究・論評を続けてきた江戸川大学教授の西条昇氏。日本のお笑い史におけるダウンタウンの位置づけと、松本人志の革命的な才能を検証する。

漫才の起源とされるのは、お正月などのおめでたい日に家々の門口《かどぐち》に立ってコミカルな音曲の演奏や芸能を演じた門付芸《かどづけげい》で、これは「千秋萬歳《せんずまんざい》」と呼ばれ、平安時代末から鎌倉時代にかけて成立しました。歌などの芸を披露する「太夫《だゆう》」と、合いの手に鼓を叩いて進行を務める才蔵という役割があって、今の漫才に当てはめれば、ボケが太夫、ツッコミが才蔵に相当します。

千秋萬歳は、江戸時代まで広く行われていましたが、明治から大正にかけては主に大阪の寄席で大流行します。この当時、東西の寄席は落語が中心でしたが、大阪の「お客さんが喜んでくれてなんぼ」との気風もあって、三味線や鼓でにぎやかす萬歳が寄席で演じられるようになったのです。

この萬歳が現在のしゃべくり漫才の形になったのは、1930年に横山エンタツが吉本興業入りして花菱アチャコとコンビを結成してからのことでした。吉本興業はこの二人を組ませると、古い萬歳のスタイルをガラリと変えて、「君と僕」というような当時の日常会話を使わせて、舞台衣装も羽織袴から流行りの背広姿に。そして表記も「萬歳／万歳」から「漫才」に変更しました。

エンタツ・アチャコによって新たにつくられた漫才のスタイルは、以後長きにわたって人気を獲得しますが、これに新たな変化をもたらしたのが1980

年の漫才ブームです。ブームの主役となった東京のツービート、大阪から東京に移ったB&B、大阪吉本の島田紳助・松本竜介らは、ただひたすらに面白さを追求しました。

それまで漫才のトップランナーだった横山やすし・西川きよしや、獅子てんや・瀬戸わんや、さらに前の世代の夢路いとし・喜味こいし、中田ダイマル・ラケットといった漫才師たちは、面白さだけでなく会話のやり取りの「うまさ」や「味」も評価されていました。

ところが、ツービートや紳助・竜介たちの漫才は、ボケ役が速射砲のようにどんどんしゃべって、そこに「やめなさい」「よしなさい」、大阪だったら「そんなアホな」「なんでやねん」と、時々ツッコミを入れるだけ。それまでの漫才は、ボケとツッコミのしゃべる割合が5：5ぐらいだったものが、ボケ8、ツッコミ2ぐらいの割合になりました。そして話術や漫才のうまさは二の次で、流行語やキャッチーなフレーズを連発することによって、彼らは人気を博します。

また、漫才ブーム以前には、漫才作家が台本を書くのが一般的でしたが、漫才ブームの頃には演者である漫才師自身がネタをつくり、自分たちの言葉でしゃべるようになりました。やすきよの漫才では基本に台本がありつつも、やっさんのプライベートなどノンフィクションの部分を取り入れていましたが、漫才ブームではそこのところをもっと強調して、出身高校の名前などパーソナルな情報や個人のしゃべりを前面に出すようになったのです。

それまでの漫才師たちとは異質の「ボケ」

ダウンタウンも正式デビューする前後の1982年あたりには、漫才ブームの影響が見られました。ダウンタウンがまだ「まさし・ひとし」「ライト兄弟」などと名乗っていた当時、松本さんは島田紳助さんへの憧れが強く、テープに録音した紳助・竜介の漫才を完コピして練習していたといいます。

実際、初期の映像を見返すと松本さんの口調やテンポは紳助さんそっくり。

浜田さんのツッコミも竜介さんに似ていて、怖い顔ですごんだりということはあったけれども、基本的には合いの手を入れる程度。二人の髪型も紳助・竜介のような伸びたリーゼント風にしていました。

しかし漫才ブームが落ち着いた1984年あたりになると、ダウンタウンの漫才のテンポが変わり始めます。それまでは紳助さんと同様に早口だった松本さんのしゃべりが、かなりゆったりとしたものになり、舞台へすーっと出てきてローテンションでスタートする。そんなダウンタウンの当時のスタイルは、昭和30年代、40年代に活躍した漫才師たちのテンポ感に近いものがありました。

話しぶりがゆっくりになったのと同時に、ボケとツッコミの割合も同じぐらいになりました。松本さんが独自のシュールなボケで笑いを取ったあと、そのボケに対して浜田さんがリアクションを取ることで笑いの幅は広がっていきました。漫才ブームでは従来の漫才の枠をぶっ壊しましたが、ダウンタウンの場合は有名な誘拐のネタにしても、ボケとツッコミの掛け合いや間の取り方には、旧来の漫才に近いものがあったのです。

そのスタイルに至るまでには松本さんも試行錯誤をしただろうし、浜田さんも最初はツッコミが弱いと言われていて、それを改良するために、中田カウス・ボタンや太平サブロー・シローといった先輩たちの芸を勉強したといいます。松本さんのボケを浜田さんがツッコんで、話の筋をもとに戻し、松本さんがさらに混ぜ返すようなボケを被せていく。そのような漫才の形式自体はオーソドックスなものでしたが、その時に松本さんの発する1個1個のボケが当時の誰も味わったことのない角度から発せられるもので、そこにダウンタウンの新しさがありました。

二人がまだライト兄弟を名乗っていた頃、『ザ・テレビ演芸』（テレビ朝日）の新人勝ち抜きコーナーで家庭内暴力をテーマにした過激なワードを含むネタを披露して、司会の横山やすしさんから「笑いのなかには良質な笑いと悪質な笑いがあって、お前らのは悪質な笑いや」と否定されました。「おとんを苦しめる」というようなことで笑いを取るのが不謹慎だということなのですが、松本さんのワードセンスや視点のズラし方、笑いの感覚はその当時からすごく新しかったのです。オーソドックスな設定のなかで、見たことも聞いたこともないようなボケを展開していく。そのボケの内容はそれまでの漫才師たちとはまったく異質のものでした。

そんな松本さんの笑いの感覚が大阪という土地柄によるものだったとすれば、それまでにも似たようなタイプの笑いがあってよさそうなものですが、松本さん的な発想はダウンタウン以前の大阪のお笑いには見当たりません。だいたい関西にはベタな笑いの好きな人がたくさんいて、今も関西で人気の高い吉本新喜劇などはダウンタウンの笑いとまったくテイストが異なります。

そうしてみると、松本さんの発想やセンスはあくまでも独自のものだと言えるのです。

新境地を拓いた「フリートーク漫才」

1989年には『ダウンタウンのガキの使いあらへんで!』（日本テレビ）が

始まって、当初は毎週、それまでの持ちネタの漫才やコントを、同番組プロデューサー菅賢治さんのリクエストを受けて演じていました。それが何週か経ち、ネタがなくなってからしばらくの間は二人のフリートークが番組の売りになります。これが「フリートーク漫才」と呼ぶべき革命的なものでした。

もともと漫才は、あらかじめ用意されている台本を日常会話のように見せつつ演じていた芸能ですが、それをダウンタウンは本当にフリートークでやってのけたのです。これは漫才の理想形というべきもので、その場かぎりの、一回しかできない芸をあっさり実現させたところに二人の実力の高さがうかがえます。

『ガキの使い』が始まる2年前の1987年には大阪の読売テレビで『鶴瓶上岡パペポTV』が始まっており、その内容は笑福亭鶴瓶さんのいろんな失敗談や物事についての考え方を上岡龍太郎さんが混ぜ返して広げていくようなものでした。これも漫才のような瞬間が結構ありましたから、厳密に言えばこちらがフリートーク漫才の先駆けと言ってもいいのかもしれません。

しかし、例えば同時期のウッチャンナンチャンの番組『ウンナンの気分は上々。』（TBS）でも、『ガキの使い』にならったようなウンナンの立ちトークのコーナーをしばらくやっていましたが、彼らはもともとコントの芸人であり、それぞれのエピソードトークが中心で漫才という感じはしませんでした。『笑っていいとも！』（フジテレビ）でもタモリさんと明石家さんまさんが「日本一の最低男」と題して立ちトークをやっていましたが、これも漫才の呼吸とは違いました。

関西人同士ならどうかと言えば、『にけつッ!!』（読売テレビ）の千原ジュニアさんとケンドーコバヤシさんのトークも、互いのエピソードトークを披露する形で、どちらかのボケにもう一人がツッコんで、ふくらませていく漫才的な掛け合いの要素はあまり感じられません。

フリートークを漫才に昇華させることができるのは、ダウンタウン二人の漫才の技術がしっかりしているからです。かつて紳助さんは「ダウンタウンはピカソだ」と言ったことがありました。しっかりとした絵を描ける技術があるから、そこを突き抜けたピカソみたいな漫才もできるという意味です。だから他の芸人がフリートークをしても、フリートーク漫才として成立させるのは難しい。逆に言えば、それができるのがダウンタウンのすごさであり、松本さんの笑いの感覚と反射神経が優れていることの証拠とも言えるのです。

『ごっつ』で深化した松本ワールド

アドリブ性に満ちた『ガキの使い』におけるフリートーク漫才と並行して、フジテレビの深夜に放送された『夢で逢えたら』ではウッチャンナンチャンたちと共演して、しっかりとつくり込まれたテレビコントを披露していました。そして、そこから発展させて1991年に『ダウンタウンのごっつええ感じ』（フジテレビ）でゴールデンタイムに進出します。

漫才と比べると、コントのほうがメイクもできるし、大道具、小道具が使える。漫才みたいに舞台に二人で出てきて挨拶をしてという型がないから、どこからどう始まってもいい。そのように表現の自由度が高いなかで、高次元な松本ワールドが展開されることになりました。

『ごっつ』は基本的にスタジオコントを中心としたバラエティ番組でしたから、その意味では『オレたちひょうきん族』（フジテレビ）や、初期の『とんねるずのみなさんのおかげです。』（フジテレビ）と同じジャンルの番組と言えます。いずれもフジテレビのスタッフが制作していたわけですから、番組の形式自体が特別に新しかったということではありません。

テレビコントに関しても漫才と同じように、番組の形式に特徴があったわけではなく、そのなかで演じられる一つひとつのコントの笑いの方向性や展開の仕方が、新しかったということになります。

スタジオコントの一部は「トカゲのおっさん」のように一種独特なもので、万人が面白いとは感じないようなことでも、あえてやっていました。それによって松本さんの世界観が好きな人からはカリスマ的な支持を得ることになりましたが、わからない人にはわからない笑いでした。客を選ぶというか、観客に迎合をしないというのは初期の漫才から変わらない松本さんの姿勢としてあったのでしょうが、この頃には自分の面白いと思ったことを徹底する姿勢が、一層明確になりました。

漫才では、一つひとつのボケを浜田さんが丁寧に拾って、もとの設定に戻し、そこでまた松本ワールドを展開して、それをまた浜田さんが戻すということで、言うなれば浜田さんが松本さんの笑いの案内人としての役割を果たしていました。しかし『ごっつ』のテレビコントでは、そもそも松本さんと浜田さんが共演しないコントもあるし、浜田さんが一緒に参加するコントでも、漫才ほど直接的にはツッコみません。それもあって松本ワールドは、より深化していったんです。

『ごっつ』は1997年、プロ野球ヤクルトスワローズのセ・リーグ優勝がかかる試合の放送を優先したことに松本さんが怒って終了となりましたが、後年の視聴率はさほど高くはありませんでした。結局松本ワールドの笑いは、ものすごく視聴率を取る質のものではなかったのです。

その後、松本さんは個人で、しっかりとお金をかけてテレビ番組に負けないドラマ風のセットを組んだ『ＶＩＳＵＡＬＢＵＭ』という松本ワールド全開のビデオを制作しました。しかし、その流れで撮った映画の世間的な評価は、あまり芳しいものとは言えません。映画という、より一層自由度が高いなかで松本ワールドを突き詰めると、どうしても客を選ぶことになってしまうのです。

しかし松本さんは、別にそれでもいいと思っているのではないでしょうか。あくまでも自分の面白いと考える世界観を表現することが大切なのであって、観客の嗜好を分析して自分から客に合わせに行くことは望んでいないように見受けられます。

松本さんが「深さ」を求める人だとしたら、浜田さんは「広さ」の人で、大衆性があるから、単独で行うＭＣや出演するドラマ、歌などでも成功しています。

かつてのエンタツ・アチャコも、エンタツさんのボケにはどこか深みがあり、アチャコさんは大衆的でエンタツさんの笑いを広めていくような形でした。二人が漫才をやらなくなり、それぞれが単独で主演映画などをやるようになると、アチャコさんの映画のほうがヒットしました。

ダウンタウンの場合は松本さんの深さと、浜田さんの広さが合わさったことで笑いが立体的になり、そのことがお互いにとってすごくいい効果をもたらしたというところはあったでしょう。

誰の影響も感じさせない独自の笑い

松本さんの笑いのセンスの裏付けとなったのは、「自分は絶対的に面白い」という自信でしょう。

その表れなのか、松本さんはお笑いに関して「誰かに影響を受けた」とか「どんなお笑いが好きだった」ということをほとんど言っていません。

私が一度、テレビの特番の打ち合わせで「松本さんがかつて見ていた1970年代の懐かしのバラエティ番組」の話をしようとした時も、「あんまり興味ないんですよ」みたいなことを言っていたように記憶しています。

それなりにテレビのお笑い番組も見てはいたのでしょうが、それよりも自分の考える笑いのほうが面白いという感覚が、子供の頃からあったのかもしれません。

志村けんさんはものすごい勉強家で、私が『加トちゃんケンちゃんごきげんテレビ』（TBS）などで仕事をご一緒させてもらった時には、まだ日本に輸入されてないアメリカとかイギリスのコント番組やコメディ映画を、当時六本木にあった輸入レコード店に発注して取り寄せていました。そして、どんなに飲んで帰っても、勉強のためにそれらを何本か観てから寝るような生活をしていたといいます。『志村けんのだいじょうぶだぁ』（フジテレビ）のコントの撮影方法を工夫するためにホラー映画やサスペンス映画もよく観ていて、自宅にはレンタルビデオショップを開けるぐらいの本数のビデオがあったそうです。

また志村さんは、高校時代に観たコント55号の萩本欽一さんの影響を受けたとか、アメリカのコメディ映画『底抜けシリーズ』のボケ役だったジェリー・

ルイス（ツッコミ役はディーン・マーチン）の映画がお笑いを目指すきっかけになったとか、少年時代にテレビで観た三木のり平さんと八波《はっぱ》むと志さんの『雲の上団五郎一座』の劇中コントや、桂枝雀さんの落語の影響を受けて、自分の芸と笑いの世界をつくっていったというようなこともインタビューなどで話しています。

ところが松本さんは、誰が好きで、誰が自分の笑いの基礎となったかというようなことをあまり言わないし、実際の芸の上でもそれがあまり見えてきません。

おそらく松本さんは、映画についても「このコメディ映画の影響を受けた」みたいなことは言っておらず、『日経エンタテインメント！』で連載していた映画評論コラム「松本人志のシネマ坊主」も、『ごっつ』が終わって、新たに映画という表現のなかで松本ワールドをつくるための準備段階として映画を観ていた、というふうに私は感じていました。

著書『遺書』（朝日新聞出版）のなかで、松本さんは藤山寛美さんについて「面白い人を演じるのがうまい人」みたいな言い方をしていて、放送作家でブレーンの高須光聖さんとのラジオ番組『放送室』（Ｔｏｋｙｏ ＦＭ）でも、桂枝雀さんの落語と寛美さんの松竹新喜劇の映像はよく観るというようなことは言っていました。だからといって、枝雀さんや寛美さんから具体的にどのような影響を受けたのかと言えば、表面的にはあまり見えてきません。

『ごっつ』でアホアホマンというキャラクターを演じた時の整髪料でピチっと７：３に分けた髪型は、寛美さんの映画『親バカ子バカ』を真似てつくったのかなとは思いましたが、そのコントと寛美さんの人情喜劇とではまったく方向性も異なります。

「余人を以て代え難い才能」の持ち主

松本さん自身には他者からの影響が感じられないものの、その一方で松本さんがのちの世代に与えた影響は絶大なものがあります。『Ｍ－１グランプリ』

（朝日放送・テレビ朝日）や『キングオブコント』（TBS）の上位に入った人たちのなかにも、ちらほらとそれが感じられます。

例えば笑い飯の「鳥人」の漫才も、一つの特殊なシチュエーションから笑いを膨らませていくあたりに松本さんの発想と共通するようなところが見えるし、コントでもピースの又吉直樹さんの顔に描くメイクやボケのニュアンスは『ごっつ』で松本さんがやっていたコントの匂いを感じさせます。

直接的に影響を受けた世代から、その下の世代まで、松本さんの影響がまったく感じられない芸人を探すのが難しいほどです。

松本さんの切り拓いた世界観の影響を、あまり受けていない芸人だと、若い時のナインティナインはセンスよりも身体性の方向に特化していて、かなり色味が違ったように思います。岡村隆史さんは身体のキレや反射神経を前面に出していて、矢部浩之さんのツッコミも浜田さんのようにすごむのではなく、優しい丁寧語でやっていました。『めちゃ×2イケてるッ！』（フジテレビ）のような、完全につくり込んだコントではないドキュメントバラエティ的な面白さは、そんなナイナイでなければできなかったでしょうし、ナイナイが若い時に早いスピードでトップクラスにまで駆け上がることができたのは、他のみんながダウンタウンと同じ方向を目指していた時に、そうではないことをやったからだと思います。

『HEY!HEY!HEY! MUSIC CHAMP』（フジテレビ）などでアーティストやアイドルをいじることについては、古いところでいえば『夜のヒットスタジオ』（フジテレビ）が始まった当初のマエタケさん（前田武彦＝構成作家、司会者）が歌手の人たちにあだ名をつけて笑いにしていたのが最初だったと思います。

とはいえ大御所歌手の頭を小突いたり、アイドルに対してまったく遠慮を見せないというスタイルを徹底したのは、これもやはりダウンタウンが開拓したパターンと言えそうです。

『一人ごっつ』（フジテレビ）の一人大喜利みたいなものは、のちの『IPPONグランプリ』（フジテレビ）につながっていったし、『ガキの使い』から派生した『笑ってはいけない』シリーズ（日本テレビ）の、周囲に面白い状況をつくっておいて、そこにダウンタウン自身がリアクションをするというパターンも、部分的には他であったかもしれませんが、全面的にやったのは新しいスタイルだったといえるでしょう。

「人を傷つける笑い」とか「暴力的でけしからん」というようなダウンタウンに対する批判については、あまりそのようには感じません。それを言い出したらドリフターズでもなんでもそういう面はあります。「笑いは政治や社会を風刺すべきで、ダウンタウンをはじめとする最近の笑いにはそれがない」などと言う人もいますが、それはその人の頭が固いだけでしょう。

近年の松本さんは、『水曜日のダウンタウン』（TBS）や『ワイドナショー』『まつもtoなかい』（ともにフジテレビ）などの番組において、周囲の出来事に対するリアクションとして、その時に起きた状況に対する最も適切で面白い一言を発することに才能を見せていました。今、瞬時に面白い言葉を発することにかけては、松本さんに匹敵する人はいないでしょう。そうしたところからも、

松本さんが「余人を以て代え難い才能」の持ち主であることは疑いようのない事実と言えるでしょう。（談）

さいじょう・のぼる◉1964年、東京都生まれ。お笑い評論家。江戸川大学メディアコミュニケーション学部マス・コミュニケーション学科教授。落語家や放送作家、芸能事務所経営者、お笑い雑誌『AJAPA』（平和出版）の監修・製作総指揮者などを経て、評論活動を始める。著書に『ニッポンの爆笑王100：エノケンから爆笑問題までニッポンを笑いころがした面々』（白泉社）など多数。

取材・構成／早川満

ダウンタウンは僕にとって〝破壊神〟なんです

岩橋良昌（元プラス・マイナス）

ダウンタウンに憧れ芸人になった岩橋良昌は、兼光タカシとのコンビ「プラス・マイナス」で上方漫才大賞を獲得するなど賞レースで輝かしい成績を残し、卓越した腕を持つ漫才師になった。ダウンタウンの二人とは番組共演も果たし、松本が企画する『ドキュメンタル』にも出演している。そんな岩橋は、ダウンタウンは自分にとって〝破壊神〟だと力説する。その理由とは——。

ダウンタウンのお二人は、僕にとって〝破壊神〟です。

僕は子供の頃からバラエティ番組が大好きでした。『8時だョ！全員集合』

（TBS）、『オレたちひょうきん族』（フジテレビ）、『加トちゃんケンちゃんごきげんテレビ』（TBS）などを楽しみに観ていたのですが、なかでも『ダウンタウンのごっつええ感じ』（フジテレビ）は衝撃的なバラエティ番組でした。この番組を観て、将来はお笑い芸人になりたいと思った、僕の原点でもあります。

僕は大阪府出身ですが、ダウンタウンさんの人気が爆発する『4時ですよ〜だ』（毎日放送）は、なんとなく観ていたくらい。当時は、小学生だったこともあって、ダウンタウンさんが漫才をされているのも、あまり拝見したことがなかったくらいです。でも、『ごっつええ感じ』には心を鷲づかみされてしまった。番組が始まると、「いっさい入ってくんな！」と家族を遮断して、部屋にこもって見続ける。「一蘭」のラーメンじゃないですけど、部屋をお笑い集中ルームにして、ちょっとでもオカンが入ってくると怒るくらいのめり込んでいました。

ダウンタウンさんがつくり出すコントは、妙なリアルさがありました。例えば、「カッパの親子」というコントでは、カッパのお父さんが絡まれると、父の威厳を保つために子供がいるときは威圧的に対応する。だけど、子供がいなくなるとちっちゃい声で謝る。「こんなリアルなコントがあるんか！」って笑いながらびっくりしたことを覚えています。

日常の延長線上にある世界観。かと思ったら、突然、振り切るようなことをする。「アホアホマン」なんていい意味でやりたい放題。「キャシィ塚本」は、料理をしていたと思ったら、突然、食材を壁に投げつける。リアルさを破壊していくような快感が、僕にはたまらんかったんです。

僕は、やってはいけないことをやってしまうクセ……というかビョーキを持っています。突然、そういう衝動に駆られてしまうんです。子供の頃からそうで、中学生の修学旅行の時には、みんなが普通に池でスワンボートを漕いで遊んでるなかで、突然、僕は自分が操縦するスワンを全速力で漕ぎ出し、手当たり次第にスワンに乗る女子に突撃していました。「キャー！」とパニックに陥っている女子たちを見たら、それが面白くて面白くて。スワンの中で笑い転げた僕は、そのまま笑いすぎてオシッコを漏らしてしまいました。

そんなんばっかなんです。

芸人になってから、あるライブイベントで、箸休め的なゲームコーナーがあったのですが、出演者全員が大きなボードを持って、その上にピンポン玉を乗せて、協力して遠いところにあるちっちゃい穴にボールを入れるというゲームをしました。

穴に入れなあかんのに、みんなに気づかれないように僕だけが思いっきり力を入れて、客席にピンポン玉をバーンって投げ飛ばしてしまいました。「なんでこんなことになんねん！」。誰かが叫びました。再び、玉を拾い集めて運ぶんですけど、また僕が力を入れてバーンと客席に放り込む。「毎回、客席にピンポン行くのはなんでやねん！」。また誰かが叫ぶ。「誰や⁉　誰や？」と犯人捜しをするのですが、僕はそれが面白くて、心の中でずっと「めちゃくちゃ俺や」って笑っていました。お客さんが引こうが、演者が困ろうが関係ない。そのスイッチが入ってもうたら、延々と玉を入れたくない。そのコーナーを破壊していることが、面白くてしゃーないんです。

自分でも、俺は変なんやろなと思っていました。でも、『ごっつええ感じ』のコントは、自分を肯定してくれているように感じたんです。僕が、都合よく解釈しているのは百も承知です。地上波のゴールデンタイムに、「うわー！僕がやりたい、やったらあかんことをやってる！」。気がついたら、虜になっていました。

多くの人は、松本さんがつくり出す破壊的なコントを、非現実的なものとして楽しむかもしれませんが、僕にとってはものすごくリアルだったんです。周りの人は、理解できなくてポカーンとしている。でも、僕はめっちゃおもろい。僕ごときが言うのもおこがましいとわかっています。だけど、あの破壊に共感した自分がいて、憧れてしまったんです。

自分の中では隠さなきゃいけないと思っていたのに、松本さんは破壊をコントとして世に送り出す。それを見て、僕みたいな人が「やっぱそれって面白いよな」って悦に入る。ダウンタウンさん御一行がどこかの空港に降り立った際、現地のおばちゃんみたいな人が「よく来てくださいました～」と出迎えた時がありました。そのおばちゃんが駆け寄るや、浜田さんは「お前、関係あらへんがな！」とめちゃくちゃに扱うんです。おばちゃんを弾き飛ばす浜田さんに、腹抱えるくらい笑いました。そういうお笑いって、それまで見たことがなかった。自分を棚に上げるつもりはないのですが、失礼と笑いってすごく紙一重だと思うんです。その一重を、遠慮せずにバーンとしてくれてはったダウンタウンさんのお笑いが大好きなんです。

コントでは破壊衝動が満たされなかった

破壊的な笑いが好きだった僕は、『ビートたけしのお笑いウルトラクイズ』（日本テレビ）も大好物でした。ザ・ドリフターズのコントでも、銭湯を訪れた客であるいかりや長介さんを湯船に突き飛ばし、他メンバー4人が洗車のように洗って、めちゃくちゃにされる姿が、たまらんくらい面白い。ですから、体を張るような笑いも、自分のツボに入ることが多かったです。

『ごっつええ感じ』に出会っていなかったら、もしかしたら僕は体を張る系のお笑い芸人を目指していたかもしれません。僕はネタを書ける人間ではないし、動物的なことしかできない。破壊を求めているところがありますから。

今だって、動物的なネタが好きです。解散してしまいましたが、コンマニセンチさんのパイプイスを使って倒れる「全力兄弟」というコントなんかは大好きでした。描写じゃなくて、実際に全力で倒れる。「これ、どっかケガしてるやろ」っていうのが面白くて仕方ない。生々しいというか、〝ザ・人間〟みたいなものが出てくるとたまらんくらい笑ってしまう。

緻密なネタで、「そうやって伏線を回収する⁉」「そうつながるんか⁉」みたいなネタも面白いなと思うけど、それやったら、いかりや長介さんがお風呂場でめちゃくちゃされている画を何回も何回も見たいんです。

お笑い芸人に憧れた僕は、大阪NSC25期生として吉本興業の門を叩きました。この時代にNSCを目指す人たちは、ダウンタウンさんに影響を受けた人たちがとても多いと思います。でも、不思議とNSCの自分の周りには、ダウンタウンさんへの憧れを口にする人はいなかったです。

とくに、同期のジャルジャルはダウンタウンさんを見ずに育ったと言ってたくらいでしたから、まったく僕らのお笑いとは毛色が違った。自分のバックボーンとはまた全然違う種類のしつこすぎる笑いというか、やりすぎる面白さ。講師の先生からダメ出しをされても絶対に曲げない姿勢は、「あっ、ほんまにこんな世界もあるんや」って影響を受けたくらいでした。

同じく同期の銀シャリは、NSCの時点では結成こそしていなかったけど、ワードセンスやネタの構成がしっかりしていたから、二人が組んだときはおもろなるんやろうなと、すぐにわかった。正統派の漫才ですから、「ダウンタウンさんの影響を受けてるな」なんてわかりません。僕らも僕らで、ダウンタウンさんの影響があるようなことはしていなかったから、影響を受けたことと実際に自分たちがやることは、必ずしも一致しないもんなんです。

解散してしまいましたが、プラス・マイナスは漫才を主戦場にしてきました。実は、最初の頃はコントをやっていました。相方の兼光タカシくんが、コントのネタをほとんど考えてくれて、手ごたえを感じることもあったのですが、僕は面倒くさがり屋で、衣装や小道具、音を用意するのがちょっと嫌になってしまった。

そもそもの話、コントで自分が誰かを演じることになんか知らん抵抗感もありました。破壊的なことがしたい自分を、そのまま「ウワーッ！」ってやるためには、コントで「いらっしゃいませ！」「どうもー！」ってやってたんじゃ満たされない。ありのままの僕で向かっていって、「ウワーッ！」って爆発させるために、漫才に移行したんです。漫才も結局は演じているんですけど、コントは演じ切るしかない。僕にはそれがムリだった。

「プラス・マイナス」をやめた理由

漫才はツッコミとボケがあります。僕と兼光はツッコミとボケというよりも、お互いが好きなことをするために漫才をしているだけ。破壊と破壊。そのほうがストレスがなかったんです。破壊衝動が根底にあるから、プラス・マイナスの漫才はバンバン突っ込むものでした。さらに僕にはSっ気があって、舞台上で叩いたり、どついたりする楽しさみたいなものもあった。人のツッコミを見ても爽快だったり、快感だったりを感じるんです。

あと、子供の頃からお笑いに触れて吸収してきた自分のリズム感があって、漫才も「こういうリズムでこういう言い方かな?」みたいことをずっと考えてきました。そこをきちんと構築していないと、どついても面白くならない。面白くならないから僕も気持ちよくない。漫才のリズムが、テトリスの棒みたいにパッとハマって、きれい消えないと笑いにならない。

そこを求めるがあまり、プラス・マイナスの後期は、兼光をどつけばどつくほど僕が楽しい、面白いと感じる、異常な漫才になっていました。先輩からも、「叩くのがキツイで」とか「ちょっと叩くのはやめ」と言われることも少なくなくて、僕らも「ちょっと叩くのをやめようか」みたいに相談する。正直、だいぶ苦しくなっていました。

破壊を求める僕の考えが、やりすぎやと言われ理解されない。「岩橋おかしい」「兼光がかわいそう」なんて言われ、同期の銀シャリの鰻からも、「いわはっちゃん、それはちょっとやりすぎやで」と言われたこともありました。僕は「うるさいねん！」てバーンと反発していました。自分自身がオシッコを漏らすくらい面白いことを求めたかったから、やっぱり我慢したくはなかったです。

叩きすぎて、漫才中に兼光が流血することもありました。「うわぁ」ってお客さんが引いているんですけど、漫才で血を流しているってむちゃくちゃな状況。やっぱり面白くなって、舞台上で自分だけが笑いまくって、浮いていたこともありました。袖に戻ると兼光に謝ります。「全然ええよ。仕事やし」。兼光は、いつもそう返してくれました。

言い訳に聞こえたらごめんなさいだけど、兼光もどつかれたかった人間だったと思います。先輩から、「ちょっと叩くのやめよ」と言われた時、僕だけでなく兼光も悩んでいた。「叩かれたいけどな」って。20年も一緒にやって、ずっとどつかれているから、僕らにしかわからんもんがある。兼光をパンチドランカーにするつもりなんてない。

プラス・マイナスは、どつかれる天才と、どつきたい僕のコンビでした。僕らは、淡々と上品に漫才するより、正司敏江・玲児さんのようにバッカンバッカンどつく漫才がしたかった。意外やと思われがちだけですけど、僕らは漫才が終わると、いつもみっちりと反省会をしていました。より気持ちいい破壊を求めるためには、もっと緻密な間や言い回しにしたほうがいいんちゃうかって。どつくために些細なことを突き詰める。自分でもクレイジーだと思います。兼光は、よう付き合ってくれたと思います。

２０２３年、プラス・マイナスは上方漫才大賞の大賞を受賞させていただきました。

上方漫才大賞を取るためには、10分くらいの尺に耐えうる漫才ができないといけません。お客さんが見てて、「岩橋っていう人間、おもろいな」「兼光っていう人間、おもろいな」、人間性みたいなもんが伝わらないとダメなんです。

もともと僕は、人間の生々しさが好きだから、そういうもんを漫才の中に閉じ込められるようにしたかった。ランジャタイを見た時に、二人がやり切ってていたら笑けてくるんだなって、すごい勉強になったんです。やっぱり自分らが楽しまんとダメだよなって。

漫才は台本も大事ですけど、僕のスタンスで言うと、台本は2割くらいだと思います。8割は人となりと見せ方。ネタを覚えて発表会をするわけじゃない。そうなると、魂の叫びとバイオレンス。なんにも悪いことをしてないのに、漫才であんだけどつかれる兼光。でも、ひょうひょうとボケ続ける。その意味のわからんさに、僕は翻弄され、絶叫していく――それさえできたら台本なんかいいんです。「酒やったらなんでもいいから飲ませろ！」みたいな感覚に近いかもしれません。だから、周りは止めたんでしょうね。

周りの意見を聞いたこともあります。台本通りにボケとツッコミを覚えて、兼光がひょうきん者で飄々とボケて、僕が淡々と突っ込んでややウケで終わる。人となりが出ない漫才をした時は、死にたいぐらい嫌でした。「は、何これ？」

と思います。「なんにもおもろないやん」って。それやったら台本なしでいいから、叫ばせろ。台本で笑えることも大事だけど、結局、兼光がボケて、僕がどれだけワーワー言えるか、魂の叫びみたいなものが出せるかどうかでした。

プラス・マイナスは、なんばグランド花月を背負って立つかもしれないと期待していただきました。ありがとうございます。でも、どっかで漫才をやっている時の自分はウソで、ちょっといい子ちゃんをやってるような気がしていたんです。僕はもっと破壊的なものが好きだったし、「もっとむちゃやってええやん」って思っていた。でも、どこかで漫才にパッケージ化させなきゃいけないから、自分でもブレーキかけたりしていた。破壊的なところを出しすぎると、お客さんが引いてしまうし。

同じネタを何度もするのが漫才です。だけど何回も同じことをやっていると面白くなくなってしまう。だから、破壊的なことをしたい。やったら引かれる、釘を刺される。そういう漫才の日々がしんどくなっていきました。毎日のように出番をいただいて、本当にありがたいことでした。誰にも言えなかったベクトルの違いみたいなものを感じて、しんどくなってしまったというのが漫才をやめる原因の一つでした。

ダウンタウンとの共演で「笑いの答え合わせ」

ダウンタウンさんと初めて共演させていただいたのは、『ダウンタウンのガキの使いやあらへんで！』（日本テレビ）の「ハイテンション・ザ・ベストテン」というコーナーでした。江頭2：50さんをはじめ、いろいろな方が登場するなか、僕もクセのあるバイオレンスなネタをさせていただいました。

僕は、「一発で黒ひげ危機一髪を飛ばします」と宣言し、まったく刺すことができず暴れまくる——というハイテンションを披露したのですが、僕がやりたい破壊のネタそのものでした。叫んでいる時に、横から浜田さんと松本さんがケタケタと笑っている声を聞いて、勝手にシンパシーを感じていました。こんな意味がわからんネタに笑ってくれはる。僕にとっては、何だか答え合わせができたような気がしました。「そうですよね！　これですよね、これ！」「こういう笑いが僕もやっぱり好きなんです！」って、本当にハイテンションになっていました。

松本さんと共演すると、「松本さんが俺のボケで笑った」「松本さんが自分のワードセンスで笑った」みたいなところに感激する芸人さんは多いと思います。でも、僕はまったくそんなことは求めていない。動物として暴れている僕を面白がってくれるかどうかです。

実際、浜田さんとの初対面では、いろいろとアドバイスをしていただいていたるにもかかわらず、例のアレが我慢できずに、自分の鼻がくっつくほど浜田さんに顔を近づけて、「べぇー!!」って舌を出してしまいました。思いっきりどつかれて、「ああ、これはもう芸人人生が終わったな」って思いました。すると、「ヒャッハッハッハ！」って、あの浜田さんの高笑いが聞こえて、僕は生き返りました。自分の破壊的な行動を面白がってくれるんだって、中学生の時に心をつかまれたダウンタウンさんと、つながった気がして感動しました。

その時、初めて自分のお笑いは、この世界でいけるのかもしれないと思えたんです。「この人たちが笑ってくれてるってことは、もしかしたらいけるんちゃうか」って自信になるというか。子供の頃から変な子として見られていた自分が、「これってやっぱり笑ってもらえるんや」と安心したことで、自分の好きな笑いを追求してもいいんやなって。浜田さんにはものすごくかわいがっていただいたし、大好きです。いろいろなアドバイスもいただきました。

あと、やっぱり芸人である以上、ダウンタウンのお二人は特別な存在です。共演させてもらうとき、頭をどつかれて突っ込まれることは、冗談抜きで名誉なことでした。僕らは、浜田さんにどつかれることを夢見た世代。浜田さんは、なんでもかんでもどつくわけではなくて、どつくに値したときにどつく。浜田さんの横で自由にギャグをやらせてもらって、「なんでやねん！」とどつかれる。そして、松本さんがキラーなコメントを重ねてくれはる。こんな極上な瞬間はないんです。

目の前でやってもらえたら、うれしい笑いってありますよね。例えば、志村けんさんの「アイーン！」なんかは、やられたらめちゃくちゃテンションが上がる特別なギャグです。ダウンタウンさんの場合は、誰かが何かをしたら、浜田さんが突っ込んで、松本さんが天才的な一言を言ってくれる。そういう共同作業だと思うんです。これができて、こっちのテンションが上がってしまう笑いってダウンタウンさんだけじゃないかなって思います。自分がお二人と共演するなら、死んでもそれを発動させたいじゃないですか。

自分がダウンタウンさんのなかに入る。立ち回る。で、浜田さんのツッコミがパーンと来る。松本さんが笑わせる。「成立してるー！」って心の中で叫んでしまう。うれしすぎるんです。「やっぱり俺が面白いと思ってたことって間違いじゃなかったんだ！」「浜田さんが突っ込んでくれたぞ！」ってガッツポーズして、「それ見て周りも笑ってるやーん」っていう、あの喜びは何にも代え難い。お墨付きをもらったような気分になって、「ドヤっ！」って感じる。「俺、叩かれてるんねんで。俺が引き出したんや！」。そういう快感は、ダウンタウンさんだけなんです。

だからか、振られたときは「エサをもらった！」ってアドレナリンがバンバン出ます。そのモードになれば、何をやってもいいと思ってまう。頭の中で、「何が面白いかな？」なんて考えるのはナンセンスで、動物のレスポンスで表現するだけ。浜田さんの顔に近づいて、「でゅわー！」ってやっても、「何してんねん、お前！」、「すんませーん！」で笑いが起きる。「どうとでも料理してくれるだろう」という安心感。むき出しでぶつかっていけば、ダウンタウンさんは笑いに変えてくれる。

面白かったら笑ってくれるし、おもろなくても叩いてくれます。松本さんがキラーな一言を投げ込んでくれるから、僕ごときの脳みそでゴニョゴニョ考える必要なんてない。振ってもらったら、僕は動物のスピードで、「ありがとうございます！」をパフォーマンスするだけ。何をしたっていい。それで成立してしまうんですから、「もうたまらん！」ってなるんです。

僕が『ドキュメンタル』（Ａｍａｚｏｎプライム・ビデオ）に出させていただいた時、松本さんから「岩橋はおもろい時はめっちゃおもろいねんな。で、おもんない時は全然おもんない。今回はプラスに出るか、マイナスに出るか」という紹介をしていただきました。めちゃくちゃうれしかったです。僕はセンスがあるわけじゃないし、アベレージで面白いことができる人間でもない。子供の頃から一人だけ笑って周りは全然笑うてへん……0点か、全員腹ちぎれて笑ってるか……100点しかない。大舞台で、松本さんから僕の本質をズバッと言われたことは、めちゃくちゃうれしかったんです。

平場のトークでも〝破壊〟を生み出すダウンタウン

繰り返しになりますが、僕は破壊が好きなんです。トークでも、松本さんからは破壊を感じるんです。話芸の天才と言えば、上沼恵美子さんや島田紳助さんもいらっしゃる。トークには、振り方、伝え方、オチなどいろいろな要素が散りばめられていて、持って生まれた才能に加え、設計力みたいなものが問われると思います。

漫才も似たようなところがあって、起承転結が必要です。しゃべくりだからって、ずっとワーワー話していればいいってわけじゃなく、「はい、どうも～」から「もう、ええわ！」まで流れがあります。その台本に沿って漫才をしてしまうと発表会みたいになってしまうから、先述したように人となりが問われるんです。

それって、テンションや話し方などいろいろな要素があると思うんですけど、僕は割と自由に暴れてきた。言わば、理性と野性がうまいことごっちゃになるのが理想的だと思うんですけど、松本さんのトークって、この二つがものすごい次元で融合しているなって思うんです。漫才じゃなくて、平場のトークでこれができるって信じられません。

松本さんのトークは、ものすごく設計しながら、突然終わりを迎えるようなロジック無視の破壊がある。とんでもないボケの一言を放り込んで破壊する。トークって、その人の才能だと思うんです。しゃべり方、テンポ、言い回しとか、その人の才能で笑かしている。そこに破壊の要素がある気がして、僕は勝手に感動しています。ダウンタウンのお二人は、タブーに手を出すようなヒリヒリしたトークを展開される。大物芸能人にも臆することなく突っ込んでいく。どうなるかわからないところにハンドルを切ってしまう野性的な感覚というか。だから、僕の動物的な笑いも面白がってくれたのではないかと思うんです。

破壊に魅せられてしまった僕からすれば、やっぱり今のコンプライアンス重視の世の中は、ちょっと息苦しさを感じます。動物みたいな僕に、あれもダメ、これもダメって課せられると、自分勝手で申し訳ないと思うんですけど、しんどいです。失礼と笑いは紙一重なところがあって、そこを面白がってる僕は時代遅れなのかもしれないです。昔、番組の企画で料理を作っている時、我慢できなくなってケチャップを天井にぶちまけたことがありました。しばらくすると番組に、視聴者のおばあちゃんから達筆の苦情が届きました。

みんな破壊の面白さをどっかでわかっているはずなんです。お笑いって、日常ではありえへんようなものを見れるから面白くって腹を抱える。それがどんどん減っていくのだとしたら、僕は残念だし悲しいです。

世の中の流れはわかります。飲み込まれていくのか、抗っていくのかってところだと思うんですけど、なかなか抗えない。すべてがいい子ちゃんになっている感じがしちゃって。いろいろなものが発展して便利になって、スマホで簡単に見ることができるけど、「じゃあ、腹を抱えてほんまに笑えてんのか？」って尋ねたら、みんなどう答えるんでしょうね。今の時代の人たちはかわいそうやなって思いたくないけど、「その面白いってほんまはもっと面白くなるのにそれでいいの？」って思ってしまう。

コンプライアンス的にアウトだとしても、一人で楽しむ分には許されるシステムもダメ？　一蘭の味集中カウンターみたいにできへんのって思います。破壊的なものが、笑いの中から薄まっていくのは寂しいなと思います。ケガはしちゃダメですけどね。

僕はもう出演が終わってしまいましたけど、BSよしもとで『ガッツ100%テレビ　～笑いと愛が企業を救う～』っていう番組があって、ものすごく自由なことをさせていただきました。〝アンチ時代の流れ〟じゃないけど、やりたいことをやって、体を張って。ものすごく面白い番組なので、是非みなさんに見てほしいです。

自分がおもろいと思う自由な破壊を目指す

自分がバラエティ番組で破壊的な表現をするとき、『ごっつええ感じ』を見ていた中学生の自分が笑ってくれるか――そんなことを考えながらやっていました。ダウンタウンのお二人は、芸人にとって神様のような存在だけど、僕にとっては破壊神でした。

お互いが壊したり、壊させたりして笑いをかけ算にしていく。お二人にしかできない破壊がある。どこまでが予定調和で、どこまでがアドリブなのか、誰にもわからない壊し方があるんです。コントにしても、トークにしても紙一重で壊してくる。どぎついことを放送できた時代でも、やっぱりダウンタウンさんは異質やったと思います。あんだけ相手が怒るか怒らないの紙一重のところを攻める笑いって、意味がわからないじゃないですか。

　僕がダウンタウンさんのことを語るなんておこがましいにもほどがあるって、自分でもわかっています。でも、僕は仕事もないし、激イタ100パーでこの依頼も受けてしまった。だけど、もう何を言われても大丈夫だと思う立場にいるし、少しでもダウンタウンさんのすごさを伝えられたらいいなと思ったんです。

　僕は文字通りフリーになった。子供の頃から抑えることのできない、破壊に満ちた自由な笑いがしたい。時代の流れに逆らおうと思います。

　やっぱり腹がちぎれるぐらい笑うって感覚を伝えていきたいんです。自分がやったことで、見ていた人が、「オシッコ漏れる！　オシッコ漏れる！」って言いながら笑ってもらえるようなこと。気持ちよく笑っている人が好きだし、僕はその時間が一番の幸せです。笑わされてる時も、笑かしてる時も。

　今のところ不安のほうが抜群に強いですけど、ワクワクはしてます。漫才という一つのちゃんとした芸能のなかでも破壊を求め、それなりに結果は残せたと思っています。いったん区切りをつけて、今度はウソのないほんまに自分が好きな笑いを追い求めたい。

YouTubeで配信されているバラエティ番組『佐久間宣行のNOBROCK TV』で、「100ボケ100ツッコミ」という企画にチャレンジさせてもらいました。自分で観てみたら、おもんないところもいっぱいありましたけど、おもろいと思うところもあって。そう思えるときって、やっぱり破壊的なことをしているんですよね。ハリウッドザコシショウさんなんて、大破壊芸人じゃないですか。あんなめちゃくちゃなことをして面白い人がいるんですから、自分もザコシさんとは違ったベクトルの破壊の笑いを提供できたらと思っています。理屈じゃない、センスじゃない、「こんなもんわろてまうやろ！」という笑い。言葉がわからんでも笑うもん。岩橋良昌っていう人間のノリなのかグルーヴなのかわからないですけど、魂から「こいつ何してんねん！」って思われるような笑いをしていきたいです。

心が折れることなく、「やり切る」ということをモットーにして、オファーが来たときは思いっきりバットを振ります。ウケようがスベろうが、どんな結果になっても気にせずに、自分をさらけ出していく。まったく笑ってない人がいても、数人が腹ちぎれるくらいに笑っていたら本望です。ちょっと前までは、「あっ、俺、漫才師。パリッとしよ」みたいな気持ちがありましたけど、今はそれもなくなって、ホントの裸一貫。裸の俺をぶつけて、「見たことないな」って思わせたい。解放と言ったらカッコつけすぎですけど、やっぱり解放されたところもあるんです。

岩橋良昌の表現が、多少なりともコンビ時代に浸透し、僕の訳わからん言動や暴れまくる笑いを面白いと思ってくれる人もいるってわかりました。プラス・マイナスの20年には、めちゃくちゃ感謝しています。そこでわかったことを、一人になって、より研ぎ澄ましていく。松本さんにも言われたことですよね。めっちゃおもろい時はめっちゃおもろいし、全然おもろない時は全然おもろない――。アベレージを取りにいかずに、ホームランか三振しか狙わない。自分がおもろいと思う自由な破壊を目指す。

そして、いつの日かまたダウンタウンのお二人と共同作業させていただけたら、最高です。

（談）

いわはし・よしまさ◉1978年、大阪府生まれ。お笑い芸人。NSC（吉本総合芸能学院）大阪校25期生。吉本興業に所属し、2003年に高校の同級生でNSC同期の兼光タカシとプラス・マイナスを結成。06年、M－1グランプリ準決勝初進出。07年、ABCお笑い新人グランプリ優秀新人賞。12年、上方漫才大賞新人賞。13年、R－1グランプリ決勝進出。23年には上方漫才大賞の大賞に輝く。24年、吉本興業と契約解消しフリーに。強迫性障害であることを公表している。

取材・構成／我妻弘崇

ダウンタウンと松本人志　完全年表

年	月日	出来事
1963年	5月11日	浜田雅功、大阪市に生まれる。
	9月8日	松本人志、尼崎市に生まれる。
1969年	4月	松本、尼崎市立潮小学校に入学。浜田ものちに転校して来たが、この時はクラスも同じにならず交流はなかった。
1975年	4月	浜田、松本、尼崎市立大成中学校に入学。
1976年	4月	浜田と松本、同じクラスとなり一気に親交を深める。
1982年	4月4日	NSC（New Star Creation／吉本総合芸能学院）が開校し、就職の決まっていた松本を浜田が誘う形で入学。文字通りの1期生で、教室はボウリング場「ボウル吉本」の1階にあったゲームセンターの一角を板で囲ったものだった。同期に、ハイヒール、トミーズ、銀次・政二など。
	6月6日	毎日放送の『素人名人会』で「名人賞」受賞。二人にとって初めてのテレビ出演。当時のコンビ名は、「松本・浜田」だった。
	7月	第3回「今宮子供えびすマンザイ新人コンクール」で最高賞となる「福笑い大賞」を受賞。前年は大木こだま・ひびきが受賞（同コンクールで宮川大助・花子は奨励賞）した栄誉ある賞だった。

	8月1~5日	異例の早さで「なんば花月」に特別出演の形で登壇。
	8月	『笑ってる場合ですよ!』(フジテレビ)のアマチュア芸人勝ち抜けコーナー「お笑い君こそスターだ!」に「まさし・ひとし」として出場。5週勝ち抜き、グランドチャンピオンに輝いた。
1983年	5月	コンビ名を「ダウンタウン」に改める。それまでのコンビ名は、「松本・浜田」「まさし・ひとし」「青空てるお・はるお」「ライト兄弟」など。
	6月6日	なんば花月の上席(1-10日)公演に初出演。
1984年	1月16日	第5回「ABC漫才・落語新人コンクール」で最優秀新人賞を受賞。
	2月	第14回「NHK上方漫才コンテスト」で優秀努力賞受賞。この時の優勝(優秀話術賞)がトミーズ。
	7月12日	吉本の肝煎りにより、「南海ホール」で若手中心の舞台「心斎橋筋2丁目劇場」を週末中心に開始。勢いのあったダウンタウンのために用意された部分もあった。
1985年	10月8日	この日から放送が始まった『今夜はねむれナイト』(関西テレビ)にレギュラー出演。司会の太平サブロー・シローに絡むボーイ役での出演だったが、ミニコーナー「ダウンタウン劇場(シアター)」でコントも披露。
1987年	4月6日	二人がMCを務めるバラエティ番組『4時ですよ~だ』(毎日放送)がスタート。毎週月曜から金曜16:00-17:00の放送で、中高生を中心に人気が爆発した。
	9月27日	大阪厚生年金会館で初のコンサート「DOWNTOWN SCANDALS」を開催。
	12月1日	初の写真集『ハレルヤ　DOWNTOWN COMPOSITION 1988』(ワニブックス)発売。

1988年	10月13日	『夢で逢えたら』（フジテレビ）がスタート。当初は木曜深夜26：05からの放送だったが、翌年4月より毎週土曜23時半からの放映に。ウッチャンナンチャン、野沢直子、清水ミチ子らと共演。伝説のコント番組に（1991年11月30日に放送終了）。
	10月21日	初のアルバム『GOBU-GOBU』（CBS・ソニー）発売。8センチ規格のミニ・アルバムだった。宇崎竜童、所ジョージらが楽曲を提供している。
1989年	3月12日	「第24回上方漫才大賞」で大賞を受賞。同賞の最年少受賞記録（25歳）は、いまだに破られていない。
	4月4日	『森田一義アワー 笑っていいとも！』（フジテレビ）のレギュラーに（1993年3月まで）。
	10月3日	『ダウンタウンのガキの使いやあらへんで！』（日本テレビ）が放映開始。
	10月8日	浜田がタレント・小川菜摘と結婚。
1990年	11月10日	『夜も一生けんめい。』（日本テレビ）に出演し、テレビで初めて歌唱を披露。美川憲一と松本が「さそり座の女」をデュエットするシーンも。
1991年	1月3日	14時45分から特番『ダウンタウンのごっつええ感じ　マジでマジでアカンめっちゃ腹痛い』（フジテレビ）が放映。2度の特番を経て『ごっつええ感じ』のレギュラー化につながった。
	12月8日	『ダウンタウンのごっつええ感じ』（フジテレビ）が日曜20時のレギュラー番組としてスタート。初回視聴率は18・2％を記録。
	12月22日	フジテレビの特番『91 FNN年末報道スペシャル～ニュースが目にしみる』でキャスターに初挑戦。相手役は安藤優子だった。

1992年	8月29日	『24時間テレビ「愛は地球を救う」15』（日本テレビ）の司会を務める。最後の「サライ」の歌唱では思わず涙も。
1993年	7月9日	映像作品『松本人志の流 頭頭』をビデオ発売。松本が企画・構成・出演を務めた（監督は山口将哉）。のちの映画『大日本人』との相似が感じられる。
	7月21日	二人が仮装したユニット「GEISHA GIRLS」のデビュー・シングル「Grandma Is Still Alive」（フォーライフ・レコード）が発売。『ガキの使い』で共演した坂本龍一がプロデュース。
	10月21日	『ダウンタウンDX』（読売テレビ）の放送開始。
1994年	9月2日	松本による入場料1万円のお笑いライブ「寸止め海峡（仮題）」がこの日より開催（9月2、3日／うめだ花月シアター、9月16、17日／渋谷BEAMホール）。
	9月22日	松本の初の著書『遺書』（朝日新聞出版）が発売。『週刊朝日』での連載をまとめたものだったが、250万部を超えるヒット。続編の『松本』（1995年9月22日発売）も、200万部を超えるベストセラーに。
	9月24日	『ガキの使いやあらへんで!』の企画で、翌日にかけて24時間トークを敢行（静岡・相良シーサイドパーク野外ステージ）。さまざまな催しも開催され、中森明菜の飛び入り参加も。
	10月17日	二人がMCを務める音楽番組『HEY!HEY!HEY! MUSIC CHAMP』（フジテレビ）が放送開始（2012年12月17日終了）。初回のゲストは坂本龍一、中森明菜。

1995年	3月15日	浜田と小室哲哉とのユニット「H Jungle with t」のデビューシングル「WOW WAR TONIGHT～時には起こせよムーヴメント」（avex trax）が発売。オリコンチャート7週連続1位となり、約200万枚という大ヒットに。
	12月13日	TOKYO FMが発表した好感度調査で1位に（2位、所ジョージ、3位、久米宏）。10代～30代の男女1000人にアンケートしたもの。
	12月16日	松本が日本武道館で料金後払いのお笑いライブ「松風'95」を開催。
	12月31日	『第46回NHK紅白歌合戦』（NHK）に「H Jungle with t」が出場。松本も「GEISHA GIRLS」の扮装で乱入し、最後は「コマーシャル！」の一言で爆笑をさらった。
1996年	5月16日	この日公示された1995年度の長者番付で、松本、浜田がタレント部門の1位と2位に。二人とも前年度、前々年度と同部門の2位（松本）と4位（浜田）にランクインしていた（両年度とも1位は三田佳子。1993年度の3位はビートたけし。1994年度の3位は永六輔）。
1997年	4月11日	この日公表された日本PTA全国協議会の意識調査で「子供に見せたくない番組」の1位に『ごっつええ感じ』。全国の親5000人と子供（小中学生）約1900人を対象に実施された。2位は『クレヨンしんちゃん』（テレビ朝日）、3位は『スーパーJOCKEY』（日本テレビ）。
	5月16日	この日公示された1996年度の長者番付で、浜田、松本がタレント部門の1位と2位に。昨年度とは順位を入れ替えての1、2フィニッシュ。

	9月25日	歌謡グループ「エキセントリック少年ボウイオールスターズ」としての第1弾シングル曲「『エキセントリック少年ボウイ』のテーマ」（イーストウエスト・ジャパン）を発売。『ごっつええ感じ』の企画から生まれたもの。
	9月28日	この日の19時より『ごっつええ感じ』の2時間スペシャルが放送予定だったが、マジック1としていたヤクルトスワローズのナイター試合の緊急生中継に差し替え。松本は激怒し、フジテレビとの仲は険悪に。結局、『ごっつええ感じ』は同年11月2日放送分を持って終了となった。後日、松本は「差し替えについて、一報が欲しかった」と、フジテレビの対応不足を指摘している。なお2001年10月12日、同局で一夜限りの復活をしている（『ダウンタウンのものごっつええ感じスペシャル』）。
1998年	5月25日	新たな歌謡グループ「日影の忍者勝彦オールスターズ」としての第1弾シングル「日影の忍者勝彦」（イーストウエスト・ジャパン）を発売。『HEY!HEY!HEY! MUSIC CHAMP』（フジテレビ）内の企画から生まれたもの。
1999年	1月30日	松本初の自伝『松本坊主』（ロッキング・オン）が発売。
2000年	6月24日	松本が中居正広と主演を務めたドラマ『伝説の教師』（日本テレビ）の最終回が放送され、浜田、木村拓哉が特別出演。
2001年	10月4日	松本と幼馴染の放送作家・高須光聖のトーク番組『放送室』（Tokyo FM）が開始（2009年3月28日終了）。人気番組となり、書籍化やCD化はもちろん、日本武道館での公開収録も行われた。
	12月25日	『M-1グランプリ』決勝大会が生放送（朝日放送・テレビ朝日、18：30～20：54）。松本も審査員を務めた。前半のボケが後半に完全回収される麒麟の漫才を高評価したのが語り草となっている。

	12月31日	缶コーヒーのCMより派生した連続ドラマ『明日があるさ』（日本テレビ）の同名テーマ曲を歌うグループ「Re:Japan」として『第52回ＮＨＫ紅白歌合戦』に出場。メンバーは、ダウンタウン、ココリコ（遠藤章造、田中直樹）、間寛平、藤井隆、ロンドンブーツ1号2号（田村淳、田村亮）、山田花子、東野幸治、花紀京。
２００４年	11月17日	松本が作詞し、浜田が歌う楽曲「チキンライス」（R and C）が発売（アーティスト名は「浜田雅功と槇原敬之」）。作曲は槇原敬之。
２００５年	1月11日	奈良県が一般公募していた「プロポーズの言葉１００選」に松本の作品が入選。「けっこんシカあれへん。」というものだった。
２００６年	12月31日	日本テレビの年越し特番として『絶対に笑ってはいけない警察24時!!』が放送（21：00〜25：15）。もともと「笑ってはいけない」というコンセプトは『ガキの使い』の罰ゲームで行われていた。同時間帯の視聴率で民放トップになるなど人気を博し、２０２０年まで『絶対に笑ってはいけない』シリーズは日本テレビの年越し特番として続いた（以降はコロナ禍による影響もあり休止）。
２００７年	6月2日	松本の初監督作品『大日本人』が公開される。以降ほぼ2年ごとに『しんぼる』『さや侍』『Ｒ１００』を監督した。
２００８年	10月5日	第1回『キングオブコント』決勝大会が放映（ＴＢＳ、19：00〜20：54）。ダウンタウンの二人が司会を務めた。
２００９年	5月17日	松本が結婚したことを吉本興業が発表。お相手は19歳年下の元お天気キャスター伊原凛（当時26）で、授かり婚だった。

	12月28日	松本がチェアマンを務める『ＩＰＰＯＮグランプリ』（フジテレビ）の第１回が放送。この時は深夜枠での放送（00：25－26：25）で、松本の他にゲスト解説者としてＭＥＧＵＭＩ、茂木健一郎も出演。２０１１年6月11日放送分（第5回）から、現行の21時開始に。
２０１０年	10月15日	コント番組『松本人志のコントＭＨＫ』（ＮＨＫ、22：00－22：45）が放送。テレビでは約9年ぶりのコント披露となった。なお翌年11月5日からも5週連続で30分のレギュラー番組として放送された。
２０１４年	3月31日	夜に生放送された『笑っていいとも！』（フジテレビ）の最終回特番『笑っていいとも！　グランドフィナーレ 感謝の超特大号』で、不仲説のあったとんねるず（石橋貴明、木梨憲武）や爆笑問題（太田光、田中裕二）と共演。浜田が石橋や太田に突っ込むシーンも。松本は太田に「ありがとうな」と御礼を述べた逸話が伝わっている。
２０２０年	2月14日	〝大阪・関西万博の顔〟として「２０２５年日本国際博覧会アンバサダー」に就任。他のアンバサダーは、ミュージシャンのコブクロや京大ｉＰＳ細胞研究所長（当時）の山中伸弥など。
	7月14日	ニュースアプリ「スマートニュース」のテレビＣＭで、約10年ぶりに二人がＣＭ共演（前回はジョージアの缶コーヒー「エメラルドマウンテン」）
２０２２年	4月3日	吉本興業創業１１０周年公演「伝説の一日」で、31年ぶりになんばグランド花月（ＮＧＫ）の舞台で漫才を披露した。
２０２４年	1月8日	前年12月27日発売の『週刊文集』で松本の性加害疑惑が報じられ、裁判に注力することを理由に全番組の降板を松本が発表。

松本人志は日本の笑いを
どう変えたのか

2024年5月10日　第１刷発行

著　者　　五味一男　水道橋博士
　　　　　デーブ・スペクター　岩橋良昌 ほか
発行人　　関川 誠
発行所　　株式会社 宝島社
　　　　　〒102-8388　東京都千代田区一番町25番地
　　　　　電話（営業）03-3234-4621
　　　　　　　（編集）03-3239-0927
　　　　　https://tkj.jp
印刷・製本　中央精版印刷株式会社

Printed in Japan
ISBN 978-4-299-05429-6